COLLECTION DE CARTULAIRES DAUPHINOIS

TOME DEUXIÈME — 2ᵉ LIVRAISON

DESCRIPTION ANALYTIQUE

DU

CARTULAIRE DU CHAPITRE

DE

SAINT-MAURICE DE VIENNE

SUIVIE D'UN APPENDICE DE CHARTES

ET

Chronique inédite des Evêques

DE VALENCE ET DE DIE

PUBLIÉES PAR

LE CHANOINE Ulysse CHEVALIER

Correspondant de l'Institut

VALENCE

IMPRIMERIE DE JULES CÉAS ET FILS

MDCCCXCI

Principales Publications de l'Auteur

DOCUMENTS INÉDITS RELATIFS AU DAUPHINÉ (Académie Delphinale), 2ᵉ volume, contenant les *Cartulaires de l'église et de la ville de Die*, le *Nécrologe de Saint-Robert-de-Cornillon*, un *Hagiologe* et deux *Chroniques de Vienne*, une *Chronique des évêques de Valence*, le *Cartulaire dauphinois de l'abbaye de Saint-Chaffre*, les *Pouillés des diocèses de Vienne, Valence, Die et Grenoble*. — Grenoble, 1868, fort in-8°, sceaux gravés . . . . 10 fr. »

RÉPERTOIRE DES SOURCES HISTORIQUES DU MOYEN-AGE. I. Bio-bibliographie. — Paris, société bibliographique, 1877-88, 5 fascic. très gr. in-8° . . . . 30 fr. »

INVENTAIRE DES ARCHIVES DAUPHINOISES de M. Henry MORIN-PONS. Dossiers généalogiques, A-C. — Lyon, 1878, gr. 8°, fac-simile, sceaux . . . . 15 fr. »

LE MYSTÈRE DES TROIS DOMS, joué à Romans en MDIX, publié d'après le manuscrit original, avec le *Compte* de sa composition, mise en scène et représentation, et des *Documents* relatifs aux représentations théâtrales en Dauphiné du XIVᵉ au XVIᵉ siècle. — Lyon, 1887, in-4° . . . . 25 fr. »

ŒUVRES COMPLÈTES DE SAINT AVIT, évêque de Vienne, nouvelle édition publiée pour les Facultés catholiques de Lyon. — Lyon, 1890, gr. in-8° . . . . 12 fr. »

COLLECTION DE CARTULAIRES DAUPHINOIS :

Tome Iᵉʳ. CARTULAIRE DE L'ABBAYE DE SAINT-ANDRÉ-LE-BAS DE VIENNE, ordre de Saint-Benoît, suivi d'un *Appendice* de chartes inédites sur le diocèse de Vienne (IXᵉ-XIIᵉ siècles). — Vienne, 1869, gr. in-8° . . . . 12 fr. »

Tome II. ACTES CAPITULAIRES DE L'ÉGLISE SAINT-MAURICE DE VIENNE : *statuts, inféodations, comptes*, publiés d'après les registres originaux et suivis d'un *Appendice* de chartes inédites sur le diocèse de Vienne (XIIIᵉ-XIVᵉ siècles). — Vienne, 1875, gr. in-8°, 1ʳᵉ livr. 3 fr. 50

    Description analytique du CARTULAIRE DU CHAPITRE DE SAINT-MAURICE DE VIENNE et CHRONIQUE DES ÉVÊQUES DE VALENCE ET DE DIE, etc. — Valence, 1891, gr. in-8°, 2ᵉ livr. 3 fr. 50

Tome III. CARTULAIRES DES HOSPITALIERS ET DES TEMPLIERS EN DAUPHINÉ. — Vienne, 1875, gr. in-8°, 1ʳᵉ livr. . . . . 3 fr. 50

Tome IV. CARTULAIRE DE L'ABBAYE NOTRE-DAME DE LÉONCEL, ordre de Cîteaux, au diocèse de Die, publié d'après les chartes originales. — Montélimar, 1869, gr. in-8°, 1ʳᵉ livr. 7 fr. »

Tome V. CARTULAIRE MUNICIPAL DE LA VILLE DE MONTÉLIMAR [*Monuments inédits de l'histoire du Tiers-Etat*]. — Montélimar, 1871, gr. in-8°, 1ʳᵉ livr. . . . . 9 fr. »

Tome VI. CARTULAIRE DU PRIEURÉ DE SAINT-PIERRE DU BOURG-LÈS-VALENCE, ordre de Saint-Augustin ; DIPLOMATIQUE, soit *Recueil de Chartes pour servir à l'histoire des pays compris autrefois dans le royaume de Bourgogne*, tirées de différentes archives, par Pierre DE RIVAZ (542-1276), analyse avec notes et appendice de pièces inédites. — Valence et Vienne, 1875, gr. in-8° . . . . 7 fr. 50

Tome VII. CHOIX DE DOCUMENTS HISTORIQUES INÉDITS SUR LE DAUPHINÉ, publiés d'après les originaux conservés à la bibliothèque de Grenoble et aux archives de l'Isère. — Montbéliard, 1874, gr. in-8° . . . . 9 fr. »

Tome VIII. CARTULAIRE DE L'ABBAYE DE SAINT-CHAFFRE DU MONASTIER, ordre de Saint-Benoît, suivi de la *Chronique de Saint-Pierre du Puy* et d'un *Appendice* de chartes. CARTULAIRE DU PRIEURÉ DE PARAY-LE-MONIAL, même ordre, suivi d'un *Appendice* de chartes et de visites de l'ordre de Cluny. — Montbéliard, 1890, gr. in-8° . . . . 12 fr. »

Tome IX. CODEX DIPLOMATICUS ORDINIS SANCTI RUFI, publié d'après les chartes originales. — Valence, 1891, gr. in-8°, 1ʳᵉ livr. . . . . 3 fr. 50

DOCUMENTS HISTORIQUES INÉDITS SUR LE DAUPHINÉ :

1ʳᵉ livr. INVENTAIRE DES ARCHIVES DES DAUPHINS A SAINT-ANDRÉ DE GRENOBLE EN 1277, publié d'après l'original, avec table alphabétique et pièces inédites. — Nogent-le-Rotrou, 1869, in-8° . . . . 3 fr. »

2ᵉ livr. INVENTAIRE DES ARCHIVES DES DAUPHINS DE VIENNOIS A SAINT-ANDRÉ DE GRENOBLE EN 1346, publié d'après les registres originaux avec tables chronologique et alphabétique. — Nogent-le-Rotrou, 1871, fort in-8° . . . . 10 fr. »

3ᵉ livr. NOTICE ANALYTIQUE SUR LE CARTULAIRE D'AIMON DE CHISSÉ, aux archives de l'évêché de Grenoble, avec notes, table et pièces inédites. Colmar, 1869, in-8° . . . . . 3 fr. 50

4ᵉ livr. VISITES PASTORALES ET ORDINATIONS DES ÉVÊQUES DE GRENOBLE, de la maison de Chissé (XIVᵉ-XVᵉ siècles), publiées d'après les registres originaux. — Montbéliard, 1874, in-8° . . . . 5 fr. »

5ᵉ livr. NÉCROLOGE ET CARTULAIRE DES DOMINICAINS DE GRENOBLE, publiés d'après les originaux, avec plan et table alphabétique. — Romans. 1870, in-8° . . . . 3 fr. 50

6ᵉ livr. ORDONNANCES DES ROIS DE FRANCE ET AUTRES PRINCES SOUVERAINS RELATIVES AU DAUPHINÉ (1155-1689), précédées d'un *Catalogue* des registres de l'ancienne chambre des comptes de cette province. — Colmar, 1871, in-8° . . . . 5 fr. »

7ᵉ livr. CARTULAIRE DE L'ABBAYE N. D. DE BONNEVAUX, au diocèse de Vienne, ordre de Cîteaux, publié d'après le manuscrit des Archives nationales. — Grenoble, 1889, in-8° . 5 fr. »

10ᵉ livr. CORRESPONDANCE POLITIQUE ET LITTÉRAIRE DU MARQUIS DE VALBONNAIS, président de la chambre des comptes et historien du Dauphiné. — Grenoble, 1872, in-8° . 3 fr. »

DESCRIPTION ANALYTIQUE

DU

CARTULAIRE

DU CHAPITRE

de Saint-Maurice de Vienne

LE *premier historien du Dauphiné*, Nicolas CHORIER, *a pris soin d'indiquer à la postérité, en tête de chacun des livres de son ouvrage principal* (1), *les sources imprimées et manuscrites dont il a fait usage. Voici la liste de ces dernières ; j'omets seulement les plus récentes, ainsi que les archives de quelques familles Dauphinoises* (Salvaing de Boissieu, G. Prunier de Beauchêne, La Croix de Chevrières, Sassenage, Torchefelon) *et celles étrangères à notre province* (Cluny, l'Ile-Barbe, Lyon (2) *et* Mâcon) :

1. Chartularius eccles. S. Andreæ Gratianopolit. (en papier).
2. Martyrologium S. Andreæ Gratianop.
3. Varia acta ex archivijs S. Andreæ Viennensis.
4. Chartularius cœnobii (*al.* abbatiæ) S. Andreæ Viennensis.
5. Chartularius S. Bernardi Romanensis.
6. Archivia domus publicæ urbis Brigantij.
7. Histoire des Dauphins ms.
8. Varia acta ex archivijs Cameræ rationum (*al.* Computorum) Delphinatus.

(1) Histoire générale de Dauphiné, *1661-72, réimpres. 1878-69, 2 vol. in-fol.*

(2) Fragmenta Chartularij S. Stephani Lugdunensis, *qui est sans doute perdu.*

9. Chartularius Cameræ rationum (*al.* Computorum) Delphinatus.
10. Registr. Cameræ Computorum Delphinat.
11. Statuta Delphinalia.
12. Chartularius ecclesiæ Diensis.
13. Varia acta ex archivijs archiepiscopatus Ebredunensis.
14. Cartularius dom. abbatis de la Gran (1).
15. Archivia ecclesiæ cathedralis Gratianop.
16. Archivia domus publicæ civitatis Gratianopolit.
17. Chartularius domus publicæ urbis Gratianopolit.
18. Archivia eccles. Beatæ Mariæ (*al.* Virginis) Gratianopolit.
19. Chartularius vetustissimus (*al.* optimæ notæ) e Bibliotheca Ant. de Marville (*al.* A. Marvillij), professoris regij in Universitate Valentina doctissimi (*al.* v. cl.) (2).
20. Varia acta ex archivijs ecclesiæ cathed. S. Mauritij Viennen.
21. Chartularius S. Mauritij Viennensis.
22. Martyrologium ms. S. Mauritij Vienn.
23. Archivia domus publicæ Montilij Adhemari.
24. Bullarius S. Petri Viennensis ms.
25. Chartularius S. Petri Viennensis.
26. Memorabilia Humberti Pilati mss.
27. Cartularius dom. Franc. Ponati, consiliarij in Senatu Delphin. v. c. (3).

(1) *C'est le* Cartulaire B *de la cathédrale de Grenoble. Louis de Simiane de La Coste, abbé de St-Chinian au diocèse de St-Pons* (Vic-Vaissete, Hist. de Languedoc, *1876, IV, 534*), *prieur de Lagrand au diocèse de Gap* (Em. Pilot de Thorey, *dans* Bull. soc. statist. Isère, C, *XII, 72*) [*et non abbé de la Gran au diocèse de Carcassonne* (Rochas, Biog. du Dauph., *II, 422*), *monastère qui n'a jamais existé*], *était vicaire général de Grenoble quand il prêta ce volume à* Chorier, *lequel se l'appropria* (Marion, Cartul. de l'égl. cath. de Grenoble, *vij et xv*).

(2) *On ne sait comment* Antoine de Marville *était devenu propriétaire de ce précieux ms.,* Cartulaire A de St-Hugues (Rochas, *ouvr. cité, II, 128*) ; *dans ses* Adversaria (Bull. soc. statist. Isère, "A, *IV, 194*), Chorier *affirme l'avoir reçu de lui en cadeau* (Marion, *ouvr. cité, iij et xiv*).

(3) François de Ponnat, *mort doyen du Parlement de Grenoble en 1669* (Rochas, *ouvr. cité, II, 282*; Pilot, Invent. d. archiv. de l'Isère, *II, 31*), *possédait un exemplaire (original ou copie) du* Cartulaire de Domène (Salvaing de Boissieu, Usage des fiefs, *1731, II, 229-30* ; Cartul. de Domina, *1859, vj*). *L'original était, avant la Révolution, dans les archives du prieuré de St-Denis-de-la-Châtre à Paris (ibid.); aux copies indiquées par* M. de Monteynard *il faut joindre celle de la bibliothèque d'Ajaccio (n° 143), datée de 1743* (U. Robert, Invent. d. mss. d. biblioth. de France, *I, 25*).

28. Archivia Fratrum Prædicat. conventus Gratianopol.
29. Martyrologium ms. prioratus S. Roberti propè Gratianop.
30. Varia acta ex archivijs monasterii Salettarum ordinis Carthus.
31. Chartularius dom. Dionysii Salvagnij Boessij (1).
32. Varia acta ex archiviis S. Severi Viennens.
33. Archivia conventus Sylvæ Benedictæ ordinis Cartus.
34. Archivia abbatiæ S. Theuderij.
35. Memoires de Thomassin, mss.
36. Registr. domus publicæ Vapincens.
37. Chartularius archiepiscopatus Viennensis (2).
38. Liber ms. ubi multa edisseruntur de Vienn(ensibus) archiepisc(opis), ex Biblioth. Lud. Pelisson I. C. Viennensis magni nominis (3).
39. Archivia domus publicæ civitatis (al. urbis) Viennæ.
40. Statuta civitatis Viennens.

D'autre part, la liste des Tabularia seu Chartularia ecclesiarum, monasteriorum, *etc. compulsés par* DU CANGE *pour la rédaction de son immortel* Glossarium mediæ et infimæ latinitatis (4), *comprend les manuscrits suivants relatifs à notre contrée :*

41. Chartularium Eccl. S. Andreæ Viennensis.
42. Tabularium Abbat. Bonævallis.
43. Tabularium Prior. de Domina in Delphinatu.
44. Tabularium Eleemos. S. Pauli Viennensis.
45. Tabularium Eccl. Gratianopolitanæ.
46. Chartularium ejusd. Eccl. sub Hugone Episc.
47. Chartularium Eccl. S. Mauritii Viennensis scriptum sæc. XI. exeunte, cui recentiores aliquot Chartæ secunda manu subjunctæ sunt.

(1) *Peut-être s'agit-il, comme M. Prudhomme a l'obligeance de me le suggérer, d'un recueil d'actes que Salvaing de Boissieu avait fait ou copié pour son usage et dont les éléments étaient empruntés, en grande partie, à la Chambre des Comptes de Grenoble.*

(2) *Cet article ne peut faire double emploi ni avec le n° 21, ni avec le n° 38; voir plus loin la note 2 de la p. 5.*

(3) *Ce ms., dont Chorier avait fait extraire* (ex manuscripto domini Pellissonis, fol. 143 et 142) *une copie de la charte de janv. 882 analysée plus loin (sous le n° 135), doit être le* Petit Cartulaire de Vienne *mentionné par Charvet et par de Rivaz.*

(4) *Edit.* Didot, *t. VI, p. 455-8.*

48. Tabularium Abbat. S. Roberti de Cornilione.

49. Chartularium Sabaudiæ, in quo præsertim continentur pactiones habitæ inter comitem Sabaudiæ, delphinum Viennensem et comitem Genevensem. Cod. Reg. alias. 9493.5.5.

50. Tabularium Abbat. S. Theofredi diœc. Aniciensis.

51. Tabularium Eccl. Vivariensis.

En confrontant cette liste avec celle de Chorier, *on y trouve cinq articles qui font double emploi : ce sont les* n°s 41, 43, 45, 46 *et* 47, *qui correspondent aux* n°s 4, 27, 19, 14 *et* 21.

Il reste à dresser la liste des sources mises à profit par le président DE VALBONNAIS (1); *la voici, en y comprenant quelques Cartulaires des pays voisins, inédits ou disparus* :

52. Cartulaire de l'abbaye d'Ambournay.
53. Cartulaire de l'église d'Ambrun = n° 60.
54. Tabularium ecclesiæ Sti. Andreæ Gratianop.
55. Tabularium ecclesiæ Sti. Barnardi de Romanis.
56. Archivia Cameræ computorum
56*. Chambre des comptes de Dauphiné

    a. Caisse des Baronnies, de Bresse et du Bugey, de Dauphiné, de Faucigni, du Gapençois, de la Généralité, du Graisivaudan, de St-Marcelin, de Saluces, de Savoie, du Viennois, du V-s Valentin.

    a*. Cartæ Aurasicæ, Baroniarum, Dalphinatûs, generales D-s, Ebredun., Forenses, Fucigniaci, Gebennesii, Graisivodani, Lugdun., Sabaudiæ, Saluciarum, Sancti Marcellini, Sebus., Valentinesii, Vapincesii, Viennesii, generales V-i.

    b. Computa   *Ces volumes sont tous décrits dans la* 6e *livr. des*
    c. Registra   *Docum. histor. inéd. sur le Dauph.,* 1871, *p. vj-l.*

57. Archivia episcopatus Diensis.
58. Tabularium ecclesiæ (*al.* episcop.) Diensis.
59. Archivia ecclesiæ Ebredunensis (reg. Mandagot).
60. Tabularium (*al.* Cartul.) ecclesiæ (*al.* archiepiscopatus) Ebredun.
61. Archivia civitatis Gratianop.
62. Archivia episcopatus Gratianop.
63. Tabularium sancti Hugonis episcop. Gratianop. (A).

---

(1) Histoire de Dauphiné et des... Dauphins... de la troisième race, *Genève*, *1721-2, 2 vol. in-fol.*

64. Tabularium ecclesiæ Gratianopol. sub Hugone episcopo *(B)*.
65. Tabularium eccl. Gratian. sub Hugone II episc. circa 1140 *(C)*.
66. Tabularium ecclesiæ (*al.* episcopatus, episcopor.) Gratianop. inscript. Chissé (*al.* Chissey, Chyssé, Chyssei, Chyssey).
67. Cartulaire de la chartreuse de Montmerle.
68. Memorabilia Humberti Pilati.
69. Cartulaire de la chartreuse de Portes.
70. Obituaire du monastère de Saint-Rambert en Bugey.
71. Archivia domus consularis de Romanis.
72. Cartulaire de la chartreuse de Salettes en Dauphiné.
73. Tabularium Sancti Theofredi.
74. Tabularium (*al.* Cartul.) ecclesiæ Ulciensis.
75. Arch(ivia) episc(opatus) Valent(inensis).
76. Necrologium episcoporum Valentinens.
77. Tabularium ecclesiæ (*al.* episcoporum) Vapincensis.
78. Archives de l'archevêché de Vienne.
79. Cartulaire de Vienne (1).
80. Tabularium ecclesiæ Viennensis (2).
81. Terrier de l'archevêché (*al.* a-êque) de Vienne.

Dans cette énumération les n°s 54, 55, 56, 58, 59, 61, 62, 63, 64, 68, 73, 78 et 80 correspondent aux précédents 1, 5, 8-10, 12, 13, 16, 15, 19, 14, 26, 50, 20 et 37.

SALVAING DE BOISSIEU *n'invoque* (3) *aucune source qui ne figure dans les trois listes ci-dessus.*

En dehors des archives, dont il subsiste des épaves plus ou moins considérables et auxquelles ont puisé à l'occasion les historiens et les érudits, quatre de ces recueils paléographiques (ou ensemble de documents) avaient été publiés (4) *avant la Révolution* (7, 11, 26-68, 74), *dix-neuf l'ont été, durant les trente dernières années, par MM.* AUVERGNE (48), GIRAUD (5-55, 71), MARION (19-45-63, 14-46-64, 65), DE MONTEYNARD (27-43) *et le signataire de ces lignes* (4-41, 12-58, 21-47*, 22, 23, 25*, 28, 29, 42, 50-73, 57*, 66*). *L'analyse qui suit*

(1) *Ce ms. n'était autre que le Petit Cartulaire indiqué dans la n. 3 de la p. 3.*
(2) *Ce Cartulaire peut être identifié avec le n° 37, mais non avec le ms. des* Acta capitularia s. ecclesiæ Viennensis *publié dans le t. II de la* Coll. de Cartul. Dauphin.
(3) De l'usage des fiefs et autres droits seigneuriaux, *dern. éd., 1731, in-fol.*
(4) *Je marque d'une étoile ceux qui n'ont pas été (pour une cause quelconque) imprimés intégralement.*

reconstruit dans son ensemble et dans les détails le n° 21-47, *l'un des plus importants, celui dont on doit le plus regretter la perte.*

Comme l'indique le préambule, cette *vérification et description du* Cartulaire du chapitre de Saint-Maurice de Vienne *fut commencée à* Grenoble le 11 janvier 1771 *par deux experts, le feudiste* Moulinet, *assisté d'un avocat de Montpellier : l'original avait été remis à la chambre des comptes de Dauphiné en vertu d'un arrêt du 6 décembre précédent. La minute de la procédure de description de ce vénérable in-folio passa dans le cabinet de M.* Letellier d'Irville *(4, rue Chanoinesse, près Notre-Dame, à Paris), à qui M.* P.-E. Giraud, *alors député de la Drôme, l'acheta en 1845. L'auteur de* l'Essai historique sur l'abbaye de St-Barnard *qualifia à juste titre de* précieux ce ms. de 21 feuillets et m'autorisa à le publier. Je m'y décide tardivement, après avoir perdu tout espoir de retrouver l'original. Bien qu'il n'ait été signalé nulle part, j'ai peine à croire qu'il ait été détruit* (1); *il ne serait point étonnant qu'il reparût un jour, comme le Cartulaire de la collégiale de Romans, retrouvé par mon père en 1864. Toutefois, comme on sera en droit de le conclure après avoir parcouru cette analyse, sa découverte n'enrichirait pas notre histoire de faits nouveaux de quelque importance.*

*Les érudits des XVII*ᵉ *et XVIII*ᵉ *siècles qui ont eu connaissance du* Cartulaire de la cathédrale de Vienne *et qui ont pu en prendre ou en faire tirer des extraits sont nombreux. Il n'est pas facile de les classer par ordre chronologique, car leurs manuscrits ne sont pas datés et l'apparition des livres dans lesquels ils en ont inséré des pièces peut être fort éloignée du temps où ils avaient fait leurs copies. Commençons par les manuscrits.*

Dans un registre in-folio, qui a fait successivement partie des cabinets de Le Febvre de Caumartin, *de* Secousse, *de* Valbonnais *et de* M. Giraud (2), *le généalogiste* DU BOUCHET *a transcrit intégralement de sa main 48 pièces du* Cartulaire de l'esglise de Sainct-Maurice de Vienne *et en a analysé 8 (f*ᵒˢ *1 v°-25 r°), outre 17 analyses d'une autre main (f° 33).*

(1) *M.* E.-J. SAVIGNÉ *l'affirme cependant dans sa* notice sur Claude Charvet, (Fastes de la ville de Vienne, 1869, gr. in-8°, p. xiv-v) :*... il a eu .. sous les yeux le grand Cartulaire de cette église (de St-Maurice), formant un volume in-folio, écrit sur parchemin et datant du XII*ᵉ *siècle, qui a malheureusement été confondu avec les titres féodaux et brûlé à l'époque de la Révolution. On aurait désiré la preuve de cette assertion.*

(2) *Je ne le décris pas autrement, l'ayant mis à profit plus d'une fois* (Coll. de Cartul. Dauphin., t. I, p. xv-j, et t. VIII, II, p. v-vj).

Le ms. in-folio 5214 du fonds latin de la Bibliothèque nationale à Paris (1) (*anc. Reg. 9852* ᴮ) *contient* 46 chartes tirées ex Tabulario Viennensis ecclesiæ *(f*ᵒˢ *1-185 et 217-9).*

On en trouve 70 dans le ms. (également in-folio) 11743 *de la même* Bibliothèque, *qui provient de* Saint-Germain-des-Prés, *après avoir figuré sous le n°* 397 *dans le cabinet d'*Achille de Harlay (2). *Cette Copie ou Extrait du Charthulaire de l'église de Vienne occupe les f*ᵒˢ *111-54 ; le titre est suivi de cette note :* Ce Carthulaire contient des titres fort anciens depuis Charlemagne, et il y en a aussy de beaucoup plus récens jusques en l'année 1211, mais la plus grande partie sont sous la seconde race de nos Rois.

Ces trois mss. sont indépendants les uns des autres, ainsi que de ceux qui seront cités à l'occasion des savants qui les ont copiés ou fait exécuter.

L'auteur qui semble avoir publié le premier des chartes de Saint-Maurice de Vienne est Jean du Bois (3), *le même qui a fourré dans les annales de l'Eglise une insigne collection de bulles fausses à l'adresse des évêques de Vienne* (4). *Nulle part il n'indique la source à laquelle il a puisé les cinq diplômes qu'on retrouve dans le* Cartulaire de St-Maurice (*n*ᵒˢ 5, 16, 20, 26, 30), *non plus que tous les autres textes qu'il reproduit. Les paroles suivantes de sa dédicace à l'archevêque* Pierre II de Villars *n'ont été écrites, ce me semble, que pour dépister les chercheurs :* Quam (ecclesiæ Viennensis amplitudinem) religiosus admodum archimandrita atque præclarus antistes Arelatensis, Petrus Laurentius (5), propensissimo animo communicatis mecum in-

---

(1) *Cff.* Docum. inéd. relat. au Dauph., *t. II,* v, *p. vj;* Coll. de Cart. Dauph., *I, xvj-ij.*

(2) L. Delisle, Invent. des mss. de St-Germain-des-Prés, *1868, p. 11-2;* Coll. de Cartul. Dauph., *t. I, p. xlij-iij.*

(3) Floriacensis vetus bibliotheca, *Lugduni, 1605, læv. xyst. Sur l'auteur de cette partie, voir* Colomb *et* Ollivier, Mélanges biogr. et bibliogr., *t. I*ᵉʳ*, p. 115-6.*

(4) *Elle vient d'être, de la part de M.* Wilh. Gundlach, *l'objet d'une nouvelle étude sous le titre :* Der Streit der Bisthümer Arles und Vienne und den Primatus Galliarum, *insérée dans le* Neues Archiv der Gesellschaft für altere deutsche Geschichtskunde *(Hannover, 1888-90, tt. XIV, ɪɪ et XV, ɪ,ɪɪ). D'après ce critique, ces pièces auraient été composées sous l'archevêque Guy de Bourgogne, entre 1094 et 1121. On sait que* Pierre Saxi *répondit à la publication de J. du Bois en tirant des archives d'Arles une série de bulles irréprochables* (Pontificium Arelatense, *Aquis-Sextiis, 1630, in-4°).*

(5) *Personnage imaginaire.* Gaspard du Laurens, *abbé de St-Pierre de Vienne et de Sénanque, devint archevêque d'Arles en déc. 1603 ; il eut pour successeur, à Vienne son neveu* Antoine du Laurens, *à Arles* Jean Jaubert.

credibili benevolentia clarissimi cœnobii S. Petri Viennensis....
archiviis (1); mirum in modum evexit atque provexit *(p. 3)*.

Ces cinq diplômes ont été textuellement reproduits par LE LIÈ-
VRE (2), *qui dit avoir extrait les n*^{os} *20 et 26 sur leur propre original
des archives de l'église de Vienne (p. 249); il a tiré en outre le n° 15
des archives de la grande église en la légende de S. Didier arche-
vesque (p. 9).*

CHORIER *paraît bien avoir été le premier à exploiter le* Cartulaire
lui-même, soit dans son Histoire, *soit dans l'*Estat politique de la province de Dauphiné. *Quelques-unes des copies qu'il en avait obtenues
ont été conservées dans le tome XII de ses* Miscellanea (3). *Elles y
figurent comme tirées* ex libro pelle alba cooperto *ou* ex libro quodam
in pergameno alba cortis seu pelle cooperto.

Après lui, BALUZE (4), *Jacq.* PETIT (5) *et* DU CANGE *ont étudié
directement le ms. original ; du moins tout ce qu'ils en ont publié est
donné* ex chartulario ecclesiæ Viennensis. *Le premier en a laissé un
grand nombre de copies réunies dans le t. LXXV de ses* Armoires (6) :
c'est là que LE COINTE (7) *a dû prendre la seule pièce qu'il n'ait pu
emprunter aux* Capitulaires. *Le second a peut-être utilisé le ms. de
Vyon d'Herouval (à qui son livre est dédié). Ce ms. d. d'Herouval,
auquel se réfèrent exclusivement* D'ACHERY (8) *et* MABILLON (9), *ne
doit pas être différent de celui de* Chauvelin sigill. cust. *dans lequel*
MARTENE *a pris la pièce 140* (10) : *dans ce cas ce serait le ms. 397 de
Harlay, dont Chauvelin eut la jouissance avant qu'il passât à St-
Germain-des-Prés.*

(1) *Ce fut* l'abbé des Halles *alors* doyen, *qui procura l'entrée des archives
de cet illustre chapitre aux bénédictins* MARTÈNE *et* DURAND *et leur mit entre
les mains deux ou trois beaux cartulaires* (Voyage littéraire, *Paris, 1717, t. I,
p. 256).*
(2) Histoire de l'antiqvité et saincteté de la cité de Vienne, *1623, pet. in-8°.*
(3) *Bibliothèque de M.* Am. de Bouffier, *qui a bien voulu naguère me le
communiquer ; on trouvera en appendice le peu qu'il renfermait d'inédit.*
(4) Capitvlaria regvm Francorvm, *Parisiis, 1677, in-fol., t. II.*
(5) Theodori Cantuariensis Pœnitentiale, *Parisiis, 1677, in-fol., t. II.*
(6) *Cf.* Coll. de Cartul. Dauphin., *t. I*^{er}*, p. xij-iij.*
(7) Annales ecclesiastici Francorum, *Parisiis, 1680, in-fol., t. VII.*
(8) Spicilegium, *Parisiis, 1677, in-4°, t. XIII; édit. 1723, in-fol., t. III.
C'est par distraction qu'il a donné la pièce n° 140 comme tirée* ex Chartul. S.
Andreæ Viennen. *d. d'Herouval.*
(9) De re diplomatica, *Parisiis, 1681, in-fol.*
(10) Veterum scriptorum...amplissima collectio, *Paris., 1733, in-fol., t. VII.*

Passant à Vienne, le « curieux » GAIGNIÈRES *ne manqua pas de faire prendre quelques copies dans le* Cartulaire de St-Maurice : *on n'en conserve que trois, dont le texte ne se retrouve point ailleurs.*

Une lettre de VALBONNAIS *à l'abbé Bignon nous a appris qu'au moment de sa mort, il allait compléter son* Histoire de Dauphiné *par un troisième volume, qui contiendra les deux premières races de nos Dauphins* (1) : *on n'en a peut-être pas suffisamment recherché le manuscrit. Les copies qu'il avait fait prendre dans le* Cartulaire du chapitre de Vienne *ne renferment rien qui ne fût connu.*

Les textes édités par D. BOUQUET (2) *doivent provenir de Baluze, sauf le n° 24, publié d'après l'original, ou directement ou sur la copie de* CHIFFLET (3).

Personne n'a dépouillé le Cartulaire de St-Maurice *aussi complètement que le consciencieux* CHARVET (4); *il n'en a jamais donné en notes que des extraits, mais qui ont leur prix. Il était en communications avec* MILLE, *qui lui dut plusieurs copies intégrales* (5).

L'abbé BRIZARD *ne manqua pas de faire prendre dans le* Cartulaire de St-Maurice *une pièce relative à la maison de* Beaumont (6).

Un érudit Valaisan, dont les recherches sur l'histoire du royaume de Bourgogne ont été très profitables aux annales de notre contrée, Pierre DE RIVAZ, *examina à loisir en 1763 le* Cartulaire du chapitre de la cathédrale de St-Maurice de Vienne, *écrit vers l'an 1060 ; il en copia un grand nombre de pièces, avec imitation des monogrammes et signatures* (7) ; *grâce à l'obligeance de mon savant collègue de Fribourg, M. l'abbé Gremaud, j'ai pu, il y a vingt ans, reproduire tout ce qui était inédit, en appendice au* Cartulaire de St-André-le-Bas.

On a vu qu'un arrêt de la chambre des comptes avait fait porter

(1) Docum. histor. inéd. sur le Dauphiné, livr. X, 1872, p. 74.
(2) Recueil des historiens... de la France, Paris, 1749-67, in-fol., t. VI-XI.
(3) Dans ses Collectanea Burgundica conservés au Museum Bollandianum de Bruxelles; ce ms., dont j'ai dû la communication à l'obligeance du R. P. Ch. de Smedt, va nous fournir, outre quelques notes, de précieux extraits du Cartulaire de St-Pierre de Vienne, qui compléteront ceux qui ont paru dans le t. Ier de la Coll. de Cart. Dauph., d'après les mss. de Valbonnais.
(4) Histoire de la sainte église de Vienne, Lyon, 1761, in-4°.
(5) Abrégé chronologique de l'histoire de Bourgogne, Dijon, 1771-3, 3 v. in-8°.
(6) Histoire génél. de la maison de Beaumont, Paris, 1779, in-fol., t. Ier.
(7) Voir Diplomatique de Bourgogne, analyse et pièces diverses, dans Coll. de Cartul. Dauphin., t. VI, part. II, 96 p.

l'original à Grenoble à la fin de 1770 ; reprit-il exactement sa place dans le chartrier des chanoines de St-Maurice ? La chose ne ferait pas doute s'il est vrai qu'il y ait été victime du vandalisme de la Révolution.

Le Cartulaire renfermait 259 pièces (1), dont deux faisant double emploi. La proportion des documents publiés intégralement ou en partie et inédits peut être établie par siècles conformément au tableau suivant :

Siècles	VIe	VIIIe	IXe	Xe	XIe	XIIe	XIIIe	XIVe	Total
Publiés	1	1	38	47	31	19	1	»	128
Extraits	»	»	3	11	5	17	3	»	39
Inédits	»	»	10	21	12	33	3	1	80
Total	1	1	51	79	48	69	7	1	257

En reproduisant l'analyse de Moulinet, j'ai cru devoir ramener sa minute à l'orthographe régulière, sauf pour quelques noms propres ; les fautes, même évidentes, n'ont été corrigées qu'après un sérieux contrôle avec les textes.

A la suite de chaque article, on trouvera : 1° la date du document ; 2° quand il a été publié, la source la meilleure ou la plus accessible, avec adjonction des Régestes (2), le cas échéant, qui indiquent les autres. Faire davantage eût été empiéter sur le Régeste Dauphinois, que je compte mettre prochainement au jour.

(1) Elles étaient numérotées dans l'original, en chiffres romains naturellement ; notons que le n° 57 de cette analyse porte le n° LVIII dans les Capitul. de Baluze.

(2) Böhmer-Mühlbacher, Bréquigny et de Rivaz.

Romans, 12 mai 1890.

Ulysse CHEVALIER.

Nous, Sr Jean-Baptiste Moulinet, bourgeois, et Mᵉ François Beraud, avocat ez cours de Montpellier, tous deux habitants en cette ville de Grenoble, experts nommés, savoir Jean-Bapᵗᵉ Molinet *(sic)* de la part de (M. Chuzin), procureur général en la Chambre des comptes de Dauphiné, et François Beraud de la part de Mʳᵉ Granval, chanoine syndic et député du chapitre de St-Maurice de Vienne, pour procéder à la vérification et description d'un Cartulaire appartenant aud. chapitre, remis à ladᵉ Chambre des comptes le 6 décembre 1770, en suite de l'arrêt de ladᵉ chambre, où nous aurions été verbalement requis de la part de Mʳ le procureur général et Mʳᵉ Grandval de nous trouver pour y prêter serment le 9 du mois de janvier de la présente année 1771, à 2 heures de relevée, par devant Mʳ Bouloud, conseiller maître en ladᵉ chambre, commissaire à ces fins par elle nommé ; en conséquence nous, dits experts, aurions comparu led. jour, à 2 heures de relevée, en ladᵉ chambre, avec M. (J. Chuzin), son procureur général, assisté de Mᵉ Rivière son procureur et Mʳᵉ Granval, aussi assisté de Mᵉ Prié son procureur, par devant mond. sieur Bouloud, commissaire, et aurions par devant lui prêté notre serment à l'effet de remplir en Dieu et en conscience notre devoir, après quoi nous aurions demandé de procéder de suite à la description du Cartulaire dont s'agit, mais attendu la séance dud. jour terminée, mond. sieur le commissaire nous aurait renvoyé au lendemain 10ᵉ du même mois, à 2 heures de relevée.

Le lendemain jeudi 10ᵉ dud. mois, à 2 heures de relevée, nousd. experts aurions comparu en la chambre pour procéder à notre opération, mais attendu le renvoi au 11ᵉ dud. mois et à la même heure, demandé par M. le procureur général pour raisons à nous inconnues et accordé par mond. sieur le commissaire, nous aurions protesté contre led. renvoi en ce qu'il pourrait préjudicier à nos vacations et dont nous aurions demandé acte à mond. sʳ commissaire, qui nous l'aurait octroyé.

Le lendemain vendredi 11 dud. mois, à 3 heures de relevée, nousd. experts aurions comparu en ladᵉ chambre en présence des parties et de mond. sieur le commissaire pour faire nos opérations, à l'effet de quoi mond. sʳ le commissaire nous aurait remis le Cartulaire dont s'agit, l'arrêt de ladᵉ chambre du   , qui ordonne la description dud. Cartulaire, ensemble la procédure des comparants de mond. sʳ le commissaire, après quoi nous nous serions retirés devers le greffe de ladᵉ chambre pour commencer nos opérations.

Vu l'arrêt de la Chambre des comptes du   , qui porte qu'à la réquisition de Mʳ le procureur général il sera procédé à la vérification et description déjà mentionnées ;

Vu aussi la procédure faite dans les comparants des parties, par lesquels il nous aurait été indiqué les moyens pour prouver l'authenticité ou non authenticité des actes contenus aud. Cartulaire, en conséquence nous aurions commencé ainsi qu'il suit :

Un Registre ou Cartulaire in folio carta major, écrit sur parchemin en deux colonnes, couvert de basane jaune sur bois, coté sur ladite couverture n° 40 A, contenant 90 feuillets, dont le dernier est collé en partie sur la couverture et paraît sur la fin vermoulu. Depuis le folio 1ᵉʳ jusques et inclus le folio 70, chaque feuillet est paginé en chiffre romain, et depuis le folio 71 jusques et compris le 90ᵉ, chaque feuillet est numéroté de chiffre arabe ; les nombres mis sur les feuillets pour les paginer paraissent être du commencement du seizième siècle.

1. Ce Cartulaire commence par une bulle de l'empereur Louis, dont le titre est *De abbatia Sancti Andree*, sans date que celle du règne de l'empereur. Il y a au commencement deux CC écriture et encre moderne, plus bas n° 1 Y Y d'encre différente et un peu plus ancienne, et plus bas d'écriture tout à fait moderne n° 3. Il y a ensuite une note marginale où il est dit : *Iste Ludovicus fuit filius Caroli magni* ; cette note n'est point de la même écriture et paraît être du 15ᵉ siècle. Plus bas est une autre note marginale, d'une écriture encore différente et plus moderne, conçue en ces termes : *Ansemundus et Ansleubania uxor monasterium Sancti Andree subterioris Sancto Mauricio donaverunt, cujus erant conditores.* Led. acte finit sur le revers dud. 1ᵉʳ feuillet au bas de la 1ʳᵉ colonne de la 1ʳᵉ page ; il paraît qu'en transcrivant l'acte, on avait laissé une ligne en blanc, qu'on a ensuite garnie d'une encre plus noire, ayant cependant laissé un petit intervalle en blanc au commencement de lad° ligne ; il se trouve encore quatre notes à la marge de la seconde colonne de lad° 1ʳᵉ page, encre et écriture moderne. Cette bulle finit ainsi : *Et anuli nostri impressione signari jussimus. Signum* (1) *Hludovici serenissimi imperatoris. Data V. non. martias, anno Xpisto propitio XVIII imperii domini Hludovici serenissimi augusti, indictione VIIII. Actum Aquis Grani palatio regio, in Dei nomine feliciter. Helisachar recognovi.* Et après est une espèce de paraphe ainsi imité (2). Vis-à-vis le mot *signum* est écrit 831 vérif. d'écriture tout à fait moderne ; au dessous il y a en chiffre romain VIIJᶜ XXXIIJ, et un peu plus bas en chiffre arabe 833, le tout d'écriture du 15ᵉ siècle. Cette bulle confirme à l'église de St-Maurice et à Barnard, évêque dud. lieu, la donation de l'abbaye de St-André-le-Bas, qui leur avait été donnée et ensuite enlevée. — 3 mars *831*, Bouquet, VI, 570 (Böhm.-M. 855).

---

(1) *Plus régulier que le monogramme n° 9 reproduit dans la planche I des monogrammata du Glossarium de* du Cange *(éd. Didot, t. IV).*

(2) *Notes tironiennes.*

2. Au verso du 1ᵉʳ feuillet et à la 1ʳᵉ colonne est une bulle dud. empereur Louis, portant concession et privilèges en faveur de ladᵉ église de St-Maurice et dud. Barnard, même écriture que la première bulle ; ladᵉ bulle finit sur le 2ᵉ feuillet. A la marge du commencement de ladᵉ bulle est écrit : *Ludovicus pius*, d'écriture à peu près du 15ᵉ siècle, et le chiffre 817 d'écriture tout à fait moderne. Vers le milieu de la seconde colonne, il y a trois notes marginales, d'encre et écriture modernes. Cette bulle a pour titre : *De ecclesia Sancti Symphoriani et villa Fasiana*, et de suite, d'écriture plus moderne : *et de monasterio superiori et mediano*. Cette bulle finit ainsi : *Et anuli nostri impressione signari jussimus. Signum* (1) *Hludovici serenissimi imperatoris. Helisachar recognovi*, avec un paraphe à peu près semblable au précédent. *Data XIIII. kal. februarii, anno primo, Xpo propitio, imperii nostri, indictione VII. Actum Aquis Grani palatio, in Dei nomine, feliciter, amen*. Vis-à-vis le mot *data* est le chiffre 817, d'écriture du 15ᵉ au 16ᵉ siècle. — *19 janvier 815*. Bouquet, VI, 473 (Böhm.-M. 550).

3. Autre bulle dud. empereur, ayant pour titre : *De villa Dalforiana in pago Vasionense*, contenant restitution et confirmation des biens ayant appartenu à ladᵉ église, situés *in villa Dalforiana*. A la marge est le chiffre 818, d'écriture moderne, et de l'autre côté de la marge est une note, d'encre et écriture modernes. Cette bulle finit au folio 2 verso, 1ʳᵉ colonne, par ces mots : *Signum* (1) *Hludovici serenissimi augusti. Durandus diaconus, ad vicem Helisachar, recognovi*; et cette espèce de paraphe (2). *Data XIIJ. kal. jan(uarii), anno, Xpo propitio, secundo imperii domini Hludovici piissimi augusti, indictione VIIII*, etc. Vis-à-vis le mot *data* est le chiffre 818, d'écriture du 15ᵉ au 16ᵉ siècle. — *20 décembre 815*. Bouquet, VI, 486 (Böhm.-M. 582).

4. Autre bulle dud. empereur, qui accorde à ladᵉ église cinq bateaux sur le Rhône pour les affaires de ladᵉ église, finissant comme les précédentes, à l'exception qu'après le seing figuré de l'empereur il y a : *Ibbo, ad vicem Helisiachar, recognovi* (2). *Data IIII. id. jun(ii), anno secundo, Xpo propitio, imperii domini Hludovici serenissimi augusti*, etc. A la marge, au commencement de cette bulle, est le chiffre 818, d'écriture moderne, et *Ludovicus*, d'écriture un peu plus ancienne, et vis-à-vis le mot *data*, à la fin de la bulle, est le chiffre 818, d'écriture du 15ᵉ au 16ᵉ siècle. — *10 juin 815*. Bouquet, VI, 479 (Böhm.-M. 563).

(1) *Voir la note 1 de la p. précéd.* — (2) *Notes tironiennes.*

5. Autre bulle de l'empereur Lothaire, contenant collation à lad⁸ église de St-Maurice et de l'archevêque Elgimar, *de Romanensi monasterio Viennensi ecclesiæ collato*, finissant à la seconde colonne du folio 3 par ces mots : *Signum* (1) *Hlotharii serenissimi augusti. Danihel notharius, ad vicem Hilduini, recognovi* (2). *Data* ; et ensuite, d'une encre et d'une écriture différentes : *III kal. jan(uarii), anno imperii domini Hlotarii in Italia XXIII, in Francia III*. Vis-à-vis le commencement de cette bulle se trouve écrit *Lotarius I*, et ensuite 843, d'écriture moderne; et vis-à-vis le mot *Signum Lotharii* est aussi le chiffre 843, d'écriture du 15ᵉ au 16ᵉ siècle. Au bas du commencement de cette bulle et au bas du folio 2 verso est la note suivante, d'encre différente et d'écriture du 15ᵉ siècle : *Iste Lotharius fuit filius Ludovici imperatoris.* Au folio 3, à la 2ᵉ colonne, est une note marginale, d'encre et écriture modernes. — *30 décembre 842*. Bouquet, VIII, 380 (Böhm.-M. 1061).

6. Autre bulle dud. empereur Lothaire, commençant au folio 3 verso, ayant pour titre : *De villa que dicitur Tolianus*, contenant restitution et confirmation à l'archevêque et chapitre de l'église de Vienne de ce dont au titre, finissant par le seing ou signe figuré de l'empereur, du 11 des calendes de novembre, la 24ᵉ année du règne de l'empereur en Italie et la 4ᵉ en France. *Estamboldus notarius, ad vicem Agilmari, recognovi*, avec un paraphe ainsi figuré (2). Vis-à-vis le commencement de la bulle est le chiffre, d'écriture moderne, 844, et plus bas deux notes marginales, aussi d'écriture moderne; et vis-à-vis le mot *indictione*, à la 2ᵉ col., en chiffre d'écriture du 15ᵉ au 16ᵉ siècle, 844. — *22 octobre 843*. Bouquet, VIII, 379 (Böhm.-M. 1078).

7. Autre bulle dud. empereur Lothaire, commençant à la fin de la 2ᵉ col. du folio 3 verso et finissant à la 2ᵉ col. du folio 4 recto, ayant pour titre : *De villa que dicitur Pavasianis*, contenant confirmation d'une foire aud. lieu, à la marge de laquelle est une note, d'écriture moderne; finissant comme les précédentes et où le signe ou seing de l'empereur est figuré, et auparavant se trouve : *Danihel notarius, ad vice Hilduini, recognovi*, avec un paraphe ainsi figuré (2). Ladite bulle datée du 3 des ides de novembre, la 9ᵉ année de son règne en France et en Italie la 29ᵉ; et se trouve en marge, vis-à-vis

---

(1) *Plus exact que le monogramme nº 13 reproduit sur la pl. I de* du Cange.
(2) *Notes tironiennes.*

la fin, 849 et ensuite 48. — *11 novembre 848. Gallia Christ.*, XVI, 6 (Böhm.-M. 1102).

8. A la 2ᵉ col. dud. folio 4 commence une bulle dud. empereur Lothaire, portant confirmation d'un échange fait entre Algirmar *(sic)*, archevêque, et un certain Rostaing, et finissant aud. folio 4 verso, à la 2ᵉ col., par le seing figuré de l'empereur, avec même paraphe; datée du 3 des ides de novembre, la 9ᵉ année de son règne en France et la 29ᵉ en Italie. On trouve à la marge de la 1ʳᵉ col. dud. folio verso une note, d'écriture moderne; au commencement de ladᵉ bulle se trouve le chiffre 71, d'écriture moderne, et vis-à-vis la fin 849, d'écriture du 15ᵉ au 16ᵉ siècle. — *11 novembre 848.* Bouquet, VIII, 385 (Böhm.-M. 1101).

9. A la 2ᵉ col. dud. folio 4 verso commence une autre bulle dud. empereur, portant confirmation des biens paternels et maternels de l'archevêque, et finit à la 2ᵉ col. du folio 5 recto, tout comme les précédentes par le seing figuré de l'empereur, et de suite : *Ercamboldus notarius, ad vicem Algirmari, recognovi*, avec une espèce de paraphe un peu différent des précédents; donnée le 11 des calendes de novembre, et du règne de l'empereur en Italie le 24 et en France le 4. Et à la marge est le chiffre 844, d'écriture du 15ᵉ au 16ᵉ siècle. — *22 octobre 843.* Bouquet, VIII, 378 (Böhm.-M. 1077).

10. Au folio 5 verso se trouve le commencement d'une bulle dud. empereur Lothaire, informe et qui n'est point finie, n'ayant ni signature ni date; le bas de la colonne où elle se trouve est même en blanc. —

11. A la 2ᵉ col. du folio 5 verso est l'analyse d'une acquisition faite par Siebod, comme doyen de l'église de Vienne, de la terre des Garcins d'un nommé Berlion Boc, sans date et d'une écriture différente des précédents actes. — *Vers 1100.* Chevalier, *C. C. D.*, I, 278 (Riv., II, 108).

12. Au folio 6, à la 1ʳᵉ col., est la note ou analyse d'un traité fait par le même doyen avec les chevaliers de Crémieu, sans date ni relation de signatures. — *Vers 1100.* Cf. Ms. Gaignières 181, 567.

13. A la 2ᵉ col. dud. folio est une donation faite au chapitre par Bornon, diacre, et Adhémar, son frère; led. acte sans date et finissant par la relation du seing de l'archevêque, des donateurs et des autres témoins, ainsi que suit : *Signum domini Guidonis, Vienn. archi., in cujus manu hec definitio facta est. Sᵗ Petri decani*, etc. A la marge est le chiffre 1106, d'écriture du 16ᵉ siècle ; l'écriture du corps de cet acte est la même que celle des deux précédents. — *Vers 1118*. CHEVALIER, *C. C. D.*, I, 282.

14. Au folio 6 verso est une bulle de l'empereur Louis, ayant pour titre : *De vico qui dicitur Epaonis Sancti Andree et Sancti Romani*, en faveur de Bernard, archevêque, et de l'église de Vienne ; vers le milieu de laquelle se trouvent trois lacunes ou demi-lignes en blanc, finissant par ces mots : *Durandus diaconus, ad vicem Fridarii recognovi*, avec une espèce de paraphe, donnée le 5 des nones de mars, la 18ᵉ année de son empire. Vis-à-vis la fin se trouve en marge le chiffre 833. La moitié de la dernière colonne après la fin de la bulle est en blanc. — *3 mars 831*. BOUQUET, VI, 570 (BÖHM.-M. 856) (1).

15. Au folio 7 se trouve transcrit un acte de donation, ayant pour titre : *De abbatia Sancti Andree*, et au-dessous, d'écriture plus moderne : *monialium* ; sans date d'année, mais seulement datée de la 9ᵉ année du règne de l'empereur Lothaire. Vers le milieu de cet acte se trouve un mot en blanc et à la marge de la 1ʳᵉ col. est écrit : *Sᵗᵉ Blandine*, d'écriture du 16ᵉ siècle ; et à la fin de l'acte est une note, même écriture du 16ᵉ siècle : *Clotarius II, Chilperici I, filius, circa annum 588*. Il n'est point fait mention dans cet acte d'aucun seing ni signatures. — *543. Gallia Christ.*, XVI, 1 (RIV., I, 1).

16. A la 2ᵉ col. dud. folio 7 est une donation faite au chapitre et église de Vienne par l'empereur Charles et *Hyrmintrudis* son épouse, touchant les monastères d'Arles, de St-Genis, de Ste-Magdeleine et de St-Gabriel archange, ayant pour titre : *Donatio Caroli imperatoris et Irmintrudis ejus uxoris Vienn. ecclesie*, d'écriture moderne. Vers le milieu de la 2ᵉ col. dud. folio 7 verso est un renvoi au folio 8 recto de la fin de l'acte, qui se trouve transcrit d'écriture moderne après un autre acte. Il n'est fait mention d'aucune date d'année, mais seulement de la 15ᵉ année du règne dud. empereur. — *6 juillet 854*. J. A BOSCO, 55 (BRÉQ. I, 242). Pièce fausse.

(1) *La copie de* RIVAZ (I, 6) *a pour titre* : Diploma Ludovici Pii imperatoris in favorem Bernardi episcopi Viennensis ; *elle fournit les variantes qui suivent* : *2* d. opitulante p... mancipatur (!), *6* parentibus (!) scil., *9* dignoscitur, *10* largitate... distr. et discosp... vocab. scilicet sancti, *13* benef. habebat... ecclesiam, *14* ita et... Quapropter nostr., *17* ten. aut poss., *19* om. ad, *23* episcopatum... ex. quod cl., *24* c-co, Verum ut... nostræ profuturis temporibus inviolabiliter... obtineant... annuli, *27* Fridardi recognovi *(notes tironien.)*, *28* XXIII.

17. Au folio 7 verso est une donation faite par l'archevêque et le chapitre de St-Maurice à Adalard, d'une terre, avec le relaté des signatures de l'archevêque, doyen et chanoines, en date de la veille des calendes de novembre 1044, sous le règne du roi Henri. A la fin de l'acte se trouve une note marginale : 1044, *Henrico III;* et plus bas, d'écriture plus moderne : *seu II, ut quidam volunt.* Le corps de ce dernier acte est différent de l'acte précédent. — *31 octobre 1044.* CHEVALIER, *C. C. D.*, I, 26*.

18. Au folio 8 verso est une donation faite par le chapitre de deux mas au lieu de Genévrey, avec le relaté des seings de l'archevêque, du prévôt et autres chanoines, sous la date des nones des calendes d'avril, la 47ᵉ année du règne de Chuondrad; au bas est écrit 985, d'écriture du 16ᵉ siècle. — *5 avril 984.* CHEVALIER, *C. C. D.*, I, 246 (RIV., I, 96).

19. Au folio 9 recto, à la 1ʳᵉ col., est une donation faite à Burchard archevêque et à l'évêque Anselme par le roi Rodolfe, ayant pour titre : *De Abiniaco, Meolino, Conflens et Castronovo,* finissant par le seing figuré dud. roi, sous la date du 9 des calendes de mars, l'an de l'Incarnation 1014 et la 23ᵉ année de son règne. Au commencement est une note marginale : *Rodulphus II, Burgundie Rex.* — *21 février 1015.* CHEVALIER, *C. C. D.*, I, 253 (RIV., I, 21).

20. A la 2ᵉ col. dud. feuillet recto est une autre donation faite par led. roi Rodolphe à l'église de St-Maurice, du comté de Vienne et du château de Pupet, finissant par le seing dud. empereur, ainsi figuré comme le précédent (1), en date du 18 des calendes d'octobre 1023, la 30ᵉ année de son règne. Au commencement dud. acte est écrit, d'une autre écriture *Edita,* plus bas : *Nota, copiam habeo;* et plus bas une autre note, d'écriture moderne, et vers la fin, d'écriture du 16ᵉ siècle, 1023. — *14 septembre 1023.* BOUQUET, XI, 549 (RIV., II, 39).

21. Au bas de la 1ʳᵉ col. du folio 9 verso est une autre donation par le même roi, en faveur de l'archevêque et chapitre de St-Maurice, finissant par le seing figuré comme les précédents, et sous la date de l'an 1016, la 23ᵉ année de son règne. Au commencement de cet acte est la note suivante : *De terris a Marlino usque ad Arelum, ab aqua saliente usque ad Salpaciam et usque Maciacum;* et à la fin, aussi à la marge, est le chiffre 1016. — *27 décembre 1016.* CHEVALIER, *C. C. D.*, I, 254).

22. Vers la fin de la 2ᵉ col. du même folio verso est une autre

---

(1) *Reproduit sous le n° 108 dans la pl. II de* DU CANGE.

donation par led. roi à son épouse Irmengarde, de la ville d'Aix, etc., finissant ainsi que les précédentes, en date du 8 des calendes de mars 1011. — *24 avril 1011.* Chevalier, *C. C. D.*, VI, ii, 72 (Riv., ii, 13).

23. Au folio 10 recto, à la 2ᵉ col., est une autre bulle dud. roi, contenant donation, qui a pour titre : *De Lusinaico villa*, conçue et finissant comme les précédentes, sous la date du 5 des calendes d'août, l'an de l'Incarnation 1011. A la marge, vers la fin, est le chiffre 1008, d'écriture du 16ᵉ siècle. — *28 juillet 1011.* Chevalier, *C. C. D.*, I, 251 (Riv., ii, 15).

24. Aud. folio verso, à la 1ʳᵉ col., est une autre donation en faveur dud. chapitre, des montagnes d'Arnod et de Salomon, conçue et finissant par le seing figuré du roi comme les précédentes, en date du 6 des calendes de janvier, l'an de l'Incarnation 1028. Au commencement sont deux notes marginales, l'une d'écriture ancienne et l'autre d'écriture moderne; et vers la fin, à la marge, est le chiffre 1028. — *27 décembre 1028.* Bouquet, XI, 551 (Riv., ii, 46) (1).

25. A la 2ᵉ col. dud. folio verso est une donation par le même roi à son épouse, finissant comme les précédentes, en date de l'an 1014. A la marge, vers le commencement, est une note marginale, d'écriture du 15ᵉ au 16ᵉ siècle, et à la fin, aussi à la marge, est le chiffre 1014. — *1014 [1016].* Chevalier, *C. C. D.*, I, 253 (Riv., ii, 25).

26. Au folio 11 recto, à la 1ʳᵉ col., est une donation faite par le même roi à l'église de St-Maurice, du village de Communay, conçue comme les précédentes, en date du 14 des calendes de juillet, l'an 1013 et de son règne le 20ᵉ. — *18 juin 1013.* J. a Bosco, 61 (Riv., ii, 19).

27. A la 2ᵉ col. dud. folio est une autre donation faite aud. chapitre par le même roi, d'une vigne au lieu de Gar, finissant comme les autres, en date du 5 des ides de septembre 1014, la 22ᵉ année de son règne. — *9 septembre 1014.* Chevalier, *C. C. D.*, I, 252 (Riv., ii, 22).

28. Aud. folio 11 verso, à la 1ʳᵉ col., est une donation par le

---

(1) *La copie de* Chifflet *(fº 70,* ex autographo quod habetur in archivo S. Mauricii Viennensis) *a pour titre :* Ruodolfi Burgundionum regis sceptrum liligerum; *elle offre quelques variantes : 1* Ruodolfus, *2* petitionem, *10* Signum (locus monogrammatis regis Ruodolfi) domni Ruodolfi, *12* calendas, *13* Ruodolfi r. xxviii; *et cette note :* Locus sigilli pergameno affixi, in quo est expressus Ruodolfus rex, dextrâ manu sceptrum tenens liligerum, quale Chuonradi ejus patris ex archivo ecclesiæ Bisontinæ descripsimus.

même roi à son épouse, de la ville et comté de Vienne, et du château de Pupet et du comté de Salmorenc, conçue et finissant comme les autres, en date du 8 des calendes de mars l'an 1011, la 19ᵉ année de son règne. Il s'y trouve trois notes marginales dont l'une est de la même écriture, la 2ᵒ du 15ᵉ siècle et la 3ᵉ d'écriture moderne. — *24 avril 1011.* CHEVALIER, *C. C. D.*, I, 250, 310 (RIV., II, 12).

29. A la 2ᵉ col. dud. folio 11 verso est un acte d'échange entre l'abbé et religieux de St-Martin d'Autun et le chapitre de St-Maurice, ayant pour titre : *De Tortiliano et villa Repont*, avec la signature relatée des parties comme suit : *Aimo, humilis abbas cœnobii Sancti Martini, consensi et conscripsi. S. Fulchelmi. S. Gerardi*, etc., sous la date de l'an de l'Incarnation 926 et la 3ᵉ année du règne du roi Rodolphe. Il s'y trouve deux notes marginales, l'une d'écriture moderne et l'autre d'écriture du 16ᵉ siècle, comme suit : 926, et plus bas : *Rodulphus I Burgundiæ rex Franciæ*; ce dernier mot *Franciæ* est d'écriture moderne. — *8 mars 926.* MABILLON, *Dipl.*, 566 (BRÉQ., I, 388).

30. Aud. folio 12 recto, à la 2ᵉ col., est une donation faite à l'église de St-Maurice par les rois Hugues et Lothaire, finissant par les seings figurés de chacun desd. rois et datée du 8 des calendes de février l'an 945, la 18ᵉ année du règne d'Hugues et la 14ᵉ de Lothaire. Il s'y trouve une note marginale, d'écriture moderne ; et en marge, vers la fin, est le chiffre 945, d'écriture du 16ᵉ siècle. — *25 janvier 945.* J. A BOSCO, 59 (RIV., I, 64) (1).

31. Vers le milieu de la 2ᵉ col. du 12ᵉ feuillet verso est une autre donation faite par les mêmes rois au comte Hugues, ayant pour titre : *De 700 mansis et villa Eltevense*, finissant comme les précédentes par les seings figurés desd. rois, en date du 8 des calendes de juillet l'an de l'Incarnation 937. — *24 juin 936.* CHEVALIER, *C. C. D.*, I, 232 (RIV., I, 50).

32. Au folio 13 recto, à la 2ᵉ col., sont des lettres du roi Boson, portant restitution au chapitre de St-Maurice, de l'abbaye

---

(1) *La copie de* CHIFFLET (ex autographo quod habetur in archivo S. Mauricii Viennensis) *a pour titre :* Hvgo et Lotharius Italiæ reges, cum sceptris et coronis liligeris. *Le sceau est ainsi décrit :* Locus sigilli circularis, diametri quatuor ferè digitorum, membranæ affixi, cum inscriptione : HVGO ET LOTHARIVS GRATIA DOMINI PIISSIMI REGES. Ad dextram sigilli, quæ sinistra est legentis, est effigies Hugonis, ad sinistram Lotharii, conversis ad se invicem vultibus ; sed effigies Lotharii est puerilis et duplo ferè minor paternâ. Uterque rex cum sceptro liligero et coronâ tribus item liliis insigni.

de St-André-le-Bas, finissant par le seing figuré dud. roi, sous la date du 15 des calendes de février, la 2ᵉ année de son règne. Au bas dud. acte et à la marge est le chiffre 880, d'écriture du 16ᵉ siècle. — *18 janvier 881*. BOUQUET, IX, 671 (RIV., I, 17) (1).

33. Au folio 14, 1ʳᵉ col., est une donation faite par le roi Chuonrad, d'un champ appelé St-Gervais au lieu de Vienne, à *Beroldus* ou *Geroldus*, clerc, finissant par le seing figuré dud. roi, en date du 17ᵉ des calendes de septembre, la 25ᵉ année de son règne. — *16 août 961*. Mém. Suisse Rom., XIX, 551 (RIV., I, 80).

34. A la 2ᵉ col. sont d'autres lettres du même roi, portant confirmation des bulles des rois ses prédécesseurs, en faveur du chapitre de St-Maurice de Vienne, et prend tous les biens dud. chapitre sous sa protection ; finissant par le seing figuré dud. empereur, en date de l'année 972. Il y a une note à la marge, d'écriture du 16ᵉ siècle, et au bas, à la marge, est le chiffre 972, même écriture. — *972*. CHEVALIER, *C. C. D.*, I, 242.

35. Vers la fin de la 2ᵉ col. du folio 14 verso est une autre bulle de Chuonrad, empereur des Romains, contenant confirmation des donations faites par ses prédécesseurs à ladᵉ église de St-Maurice, finissant par le seing figuré dud. empereur, bien différent du précédent, en date du 11 des calendes d'avril l'an 1038 et la 14ᵉ année de son règne et la 13ᵉ de son empire. A la marge est le chiffre 1038, d'écriture du 16ᵉ siècle. — *31 mars 1038*. CHEVALIER, *C. C. D.*, I, 260 (RIV., II, 69).

36. Au folio 15 recto, à la 2ᵉ col., est une donation faite par le roi Rodolphe à l'archevêque et église de Vienne, d'un chasal et autres édifices, finissant par le seing figuré dud. roi, en date de l'an 1014, la 26ᵉ année de son règne. En marge est le chiffre 1014, écriture du 16ᵉ siècle. — *8 janvier 1014 [1018?]*. CHEVALIER, *C. C. D.*, I, 255.

37. Au folio 15 verso, au milieu de la 1ʳᵉ col., est le commencement d'un acte ayant pour titre : *Carta Sancti Valerii et Sancti Mauricii*, qui n'est point fini, étant cependant écrit jusqu'à la fin de ladᵉ 1ʳᵉ col., et dont on ne trouve pas de suite dans led. Cartulaire. — Cf. n° 58.

---

(1) *La copie de* RIVAZ *fournit quelques variantes :* ᪽ Dominum, *10* fuisset, sed et postea a, *16* tum servos cum, *36* regis (monogramma, *notes tironiennes*), *37* Stephanus, *38* ind. XIII, *39* Tarniaco.

38. A la 2ᵉ col. dud. folio 15 verso est une donation faite à l'église de St-Romain-Barral et *Oysicii*, par Guillaume, Guigues et Girard, frères, sans date ni mention des signatures, d'une écriture différente des autres actes. — *XIᵉ siècle*.

39. Au folio 16, 1ʳᵉ col., est l'analyse ou note d'une donation faite à l'église de St-Maurice par *Ratburnus*, de quelques vignes et terres dans différents villages, commençant : *Breve commemoratorio quod dominus Ratburnus fecit de hereditate sua*, et ayant pour titre, au-dessus : *De Arelo et Bracosco*, finissant par le relaté des seings du donateur et autres, sans date d'année, mais seulement du 9ᵉ des calendes de juin, sous le règne du roi Chuonrad. — *24 mai env. 976*. Chevalier, *C. C. D.*, I, 244 (Riv., 1, 92).

40. Vers la fin de la 2ᵉ col. est une autre donation faite par Julie à frère André, prêtre, de vignes et édifices, finissant par le relaté des seings des témoins, sans date d'année, mais seulement du 11 des calendes de février, la 18ᵉ année de l'empire de Louis. En marge est le chiffre 873, d'écriture du 16ᵉ siècle, et au-dessous, d'écriture moderne, 918. — *22 janvier 919*. Cf. Chevalier, *C. C. D.*, I, 7*.

41. Au folio 16 verso, à la 2ᵉ col., est une autre donation de biens situés à Toussieu, faite à lad⁰ église de St-Maurice par *Berilo* et sa femme, finissant par les seings des donateurs et autres présents, sans date d'année, mais seulement de la 1ʳᵉ année du règne de Rodolphe ; et à la marge est le chiffre 994, et au-dessus 5. — *Août 994*. Chevalier, *C. C. D.*, I, 4*.

42. Au folio 17, à la fin de la 1ʳᵉ col., est un échange fait entre l'archevêque de St-Maurice et le nommé Eumard et *Gausberga*, son épouse, finissant par les seings relatés des parties, sans date d'année, mais seulement la 26ᵉ année de l'empereur Louis, et à la marge est écrit 914, d'écriture du 15ᵉ siècle, qui est rayée ; et au-dessus, en chiffres d'écriture moderne, 926 ; au-dessous, il y a aussi, même écriture du 16ᵉ siècle, *Ludovicus Bosonis filius*. — *13 novembre 926*. *Gallia Christ.*, XVI, 15.

43. Au folio 17 verso, 2ᵉ col., est une donation à l'église de Vienne par Archindram, prêtre, ayant pour titre : *De ecclesia in Sarziano villa*, finissant par les seings du donateur et autres, figurés avec les paraphes, sous la date du 10 des calendes d'août, la 2ᵉ année du roi Charles. A la marge est écrit : *Carolus Lotarii filius et 857*, d'écriture du 16ᵉ siècle. — *23 juillet 871*. Chevalier, *C.C.D.*, I, 216, 12*.

44. Au folio 18, 2ᵉ col., autre donation à lad⁰ église, faite par un certain Jean, ayant pour titre : *De ecclesia in villa Causmontis cum suo presbiteratu*, finissant comme les précédents par les seings du donateur et donataires : *Signum Johannis*, etc.; des ides d'avril, la 24ᵉ année du règne de l'empereur Louis. A la marge est écrit, d'écriture du 16ᵉ siècle, 912, et au-dessous : *Ludovici Bosonis filii*. — *13 avril 924*. Chevalier, *C. C. D.*, I, 20*.

45. Au folio 18 verso, 2ᵉ col., est une donation faite par Engelbert à Boson, de certains biens réversibles après sa mort au chapitre de St-Maurice, avec les seings des donateur et donataires qui y sont relatés, en date du mercredi des calendes de mars, la 4ᵉ année du règne de Conrard. — *1ᵉʳ mars 943*.

46. Au folio 19 est une autre donation, par un nommé Milon, à lad⁰ église, sans date et sans signatures. — *1030-70*. Cf. Chevalier, *C. C. D.*, I, 8*.

47. Au folio 19 verso, 1ʳᵉ col., est une autre donation faite à la même église par Ismidon et Milon, son neveu, finissant par le seing dud. Ismidon, ainsi désigné : *Sʲ Ismidonis*; sans date. Il y a deux notes marginales, même écriture. — *Vers 1070*. Chevalier, *C. C. D.*, I, 29*.

48. Aud. folio 19 verso, 2ᵉ col., autre donation à la même église par Rostan et sa femme, finissant par les seings relatés des donateurs, donataires et témoins, sans date d'année, mais seulement la 4ᵉ année du règne de Charles. A la marge est le chiffre 859, d'écriture du 16ᵉ siècle. — *20 avril 873*. Baluze, *Cap.*, II, 1493.

49. Au folio 20 verso, 2ᵉ col., est une vente passée par Gausbert et sa femme aux frères Teutbert et *Odilla*, d'un curtil à Vienne; finissant par les signatures relatées des vendeurs et acquéreurs, en date du mois de mai, la 2ᵉ année du règne de Guonrad. — *Mai 939*.

50. Au folio 21, 1ʳᵉ col., est une autre vente passée par Arnold et sa femme Surade au comte Hugues, d'un curtil, champ et vigne, conçue et finissant comme les précédentes, du jeudi au mois d'avril, la 7ᵉ année du règne de l'empereur Louis. A la marge est le chiffre 896, où l'on voit que l'on a voulu faire du 6 un 8 ; et au-dessous est le chiffre 908, d'écriture moderne. — *Avril 907*. Cf. Chevalier, *C. C. D.*, I, 6*.

51. Au folio 21 verso est une donation faite au chapitre de St-Maurice par l'archevêque Rostaing, ayant pour titre : *De Vilar' quod vocatur Cabrelia*, finissant par les seings dud. archevêque et autres, ainsi relatés : *Rostagni archiepiscopi subscriptio*, etc., du 16 des calendes de juillet, sous le règne du roi Louis. A la fin et à la marge est le chiffre 903, d'écriture du 16ᵉ siècle. — *16 juin env. 903.* Chevalier, *C. C. D.*, I, 17*.

52. Folio 22, 1ʳᵉ col., est une donation faite à l'église de Vienne par *Arestagnus*, de la chapelle de St-Ferjus et terres en dépendant, ayant pour titre : *Cappella Sancti Ferreoli in villa que dicitur Sablonis*, où les signatures sont relatées, du 2 des nones d'avril, la 5ᵉ année du règne de Louis. A la marge est écrit 895, d'écriture du 16ᵉ siècle. — *4 avril 895.* Chevalier, *C. C. D.*, I, 218.

53. Folio 22 verso, autre donation à la même église de St-Maurice par Hugues, ayant pour titre : *De duobus mansis in Monsaculus et in Jalnasia*, etc., sans signature et sans date. — *IXᵉ siècle.*

54. Au bas de la 1ʳᵉ col. dud. folio verso est une autre donation à ladᵉ église par Rostaing et sa femme de deux vignes à Ampuis, finissant par les signatures relatées des donateurs et autres, datée du mois d'avril, la 2ᵉ année après la mort de l'empereur Charles. A la marge est écrit, d'écriture du 16ᵉ siècle : *Caroli calvi*, le mot *calvi* est rayé et on a mis après *grossi*. — *Avril 889.* Chevalier, *C. C. D.*, I, 15*.

55. Au folio 23 recto, à la 1ʳᵉ col., est une donation à la même église par *Loterannus*, chanoine d'icelle, de la 4ᵉ portion de l'église de St-Mamert et droits en dépendants, finissant par le seing relaté du donateur et des témoins, la 4ᵉ année du règne d'Henry II. — *29 avril 1050.* Chevalier, *C. C. D.*, I, 27*.

56. A la 2ᵉ col. de ladᵉ page est un acte entre un chanoine et le chapitre de St-Maurice, au sujet de l'église de Sisiac, finissant comme les précédentes par les seings relatés des parties, en date du 10 des calendes de juin, la 11ᵉ année du règne de Louis. A la marge est le chiffre 901, d'écriture du 16ᵉ siècle, et au-dessous il y a 911, d'écriture moderne. — *23 mai 911. Gallia Christ.*, XVI, 12.

57. Au folio 23 verso est un échange fait entre le comte Archimbaud et Arestang, ayant pour titre : *Comutatio rerum inter Erchimbaldum comitem et Arestagnum*; dans le corps duquel acte et dans cinq différentes lignes se trouvent des lacunes et mots en blanc, en date du 3 des nones d'avril, la 4ᵉ année du règne de l'empereur Lothaire, et où le seing des permutants et témoins est relaté. Il s'y trouve à la marge le chiffre 843, d'écriture du 16ᵉ siècle, et au-dessous 844, d'écriture moderne. — *3 avril 844.* Baluze, *Cap.*, II, 1443.

58. Au folio 24, 2ᵉ col., est une cession faite par l'archevêque Barduin, du consentement du chapitre de St-Maurice, à l'église de St-Vallier d'une grange, finissant par les seings des parties et témoins relatés, en date du mois de février, la 1ʳᵉ année du règne de Louis. A la marge est le chiffre 890, d'écriture du 16ᵉ siècle, qui est rayé et à côté est 891, d'écriture moderne. — *Février 891*. Gallia Christ., XVI, 11.

59. Folio 24 verso, à la fin de la 1ʳᵉ col., est une vente passée par Gariberge et autres en faveur de Rodoal, diacre, conçue et finissant comme les précédentes par les seings relatés des parties, sans aucune date néanmoins. — *IXᵉ siècle*.

60. Au folio 25, 1ʳᵉ col., est une note d'un traité fait entre l'archevêque et les chanoines et Rotbald, surnommé *Lonjagna*, par lequel le chapitre lui donne pendant sa vie et de sa femme la jouissance de certains fonds; ladᵉ note commençant : *Notitia de convenientia que facta est inter archiepiscopum*, etc., et finissant néanmoins par les seings relatés des parties, en date de l'an 1067. A la marge est le chiffre 1067. — *29 septembre 1066*. Chevalier, *C. C. D.*, I, 269.

61. Aud. feuillet, à la 2ᵉ col., est une autre note au sujet de la monnaye de Vienne, commençant : *Notitia Vienn. monete, quæ facta est inter Leudegarium Vien. arch. et Adeleidam marchionissam cum filiis suis*. A la marge est écrit, d'écriture moderne : « Adelaïde, la belle mère de Henri II, promet de veiller que ses sujets ne falsifient la monnoye de Vienne ». Sans signature, en date du 2 des calendes de décembre, sous le règne du roi Henri II, qui n'était pas encore empereur. *Henrico secundo rege nondum imperatore*; au-dessus du mot *secundo* on a mis le chiffre IV, d'écriture moderne. — *30 novembre 1065*. D'Achery, *Spicil.*, III, 393. (Riv., II, 103).

62. Au folio 25 verso, à la 2ᵉ col., est un échange entre Tiebold, archevêque de Vienne, et Oddon, évêque de Belley, finissant ainsi : *Sᵢ Tiebaldi archiepiscopi*, etc., en date du mois d'octobre, sous le règne du roi Rodolphe. — *Octobre env. 995*. Chevalier, *C. C. D.*, I, 248.

63. Au folio 26, 1ʳᵉ col., est une donation faite à l'église de Vienne par Wald, prêtre, de terres et fonds, finissant par les seings relatés du donateur, donataires et témoins, en date du 11 des calendes de mai, la 4ᵉ année du règne de l'empereur Louis. A la marge est le chiffre 893, d'écriture du 16ᵉ siècle. — *21 avril 904*. Voir Append. D.

64. Au folio 26 verso, 1re col., autre donation faite à la même église par le chanoine Bernard, d'un mas en la valle du Jardin, *in valle Ortensi*, finissant par les seings relatés des parties ; il y a une lacune vers la fin, et c'est le nom de celui qui a écrit l'acte qui manque, finissant ainsi : *Ego hanc cartam scripsi, anno XL regnante Rodulpho rege, IIII non. febr.* A la marge est le chiffre 1020. — *2 février 1033 ?* CHEVALIER, *C. C. D.*, I, 312.

65. A la 2e col. dud. folio verso est une donation faite à la même église par *Erlenus*, prêtre, ayant pour titre : *De ecclesia Beati Mauricii in Casellis et de vinea in Ortis*, finissant par les seings relatés du donateur et autres, en date du 7 des calendes de mai, la 7e année du règne de l'empereur Louis. A la marge est le chiffre 913, d'écriture du 16e siècle. — *25 avril 907.* CHEVALIER, *C. C. D.*, I, 18*.

66. Folio 27, à la 2e col., est une autre donation faite par Odilard à *Eucherius*, prêtre, son ami, d'une vigne réversible après lui à l'église de St-Maurice, finissant comme les précédentes par les seings relatés du donateur et autres, en date du 16 des calendes de juillet, sous le règne du roi Louis, sans date d'année. — *16 juin 891/900.*

67. Au folio 27 verso, 1re col., autre donation en faveur de l'église de St-Maurice par *Autmarus* et sa femme Leugarde, de certaines vignes et fonds, avec les seings relatés du donateur et autres, en date du 5 des ides de novembre, la 27e année du règne de l'empereur Louis. — *9 novembre 927.* Cf. CHEVALIER, *C. C. D.*, I, 7*.

68. A la même page, 2e col., autre donation par Angilbot et sa femme à Folrad et sa femme, de l'église de St-Pierre *in villa Lipiaco*, sans date et finissant par les seings des parties. Il y a une note marginale, d'écriture moderne. — *Env. 975.* CHEVALIER, *C. C. D.*, I, 24*.

69. Au folio 28, 2e col., est une vente passée par Willibod et sa femme à Durand et sa femme, d'un curtil et mas à Vienne, finissant comme les précédents actes par les seings relatés des vendeurs et acheteurs, sous la date du mois de novembre, la 12e année du règne de Conrad. — *Novembre 948.*

70. Au folio 28 verso est une donation faite à l'église de Vienne par *Rorgo* et sa femme, de l'église et du marché de la Valloire, finissant comme les précédentes, sous la date du 17 des calendes d'octobre, la 7e année du règne de Rodulphe. Il y a aux marges, d'écriture du 16e siècle, 906, et au-dessous, écrit avec du crayon rouge, 1001. — *15 septembre 999.* CHEVALIER, *C. C. D.*, I, 5*.

71. Aud. folio verso, 2ᵉ col., est un échange entre Otton et sa femme d'une part et l'église de St-Maurice d'autre, finissant comme les précédents actes par les seings relatés des parties, sous la date du 4 des ides de décembre, la 25ᵉ année de l'empire de Louis. — *10 décembre 925.* CHEVALIER, *C. C. D.*, I, 7*.

72. Au folio 29, 2ᵉ col., est une donation faite à l'église de Vienne par Sieboud et sa femme, finissant par les seings relatés des parties, en date du 4 des ides de mars, sous le règne du roi Guonrad, sans date d'année. — *12 mars 970/993.* CHEVALIER, *C. C. D.*, I, 241.

73. Au folio 29 verso, 2ᵉ col., est une donation faite à la même église par Léon et sa femme Leutrade, conçue et finissant comme la précédente, en date du mois d'avril, la 2ᵉ année du règne du roi Charles. A la marge est le chiffre 856, d'écriture du 16ᵉ siècle. — *Avril 857.* CHEVALIER, *C. C. D.*, I, 8*.

74. Au folio 30, 2ᵉ col., est un échange entre l'archevêque et le chapitre de Vienne, et l'évêque et le chapitre de Valence, finissant comme les actes précédents par les signatures relatées des permutants, en date du 9 des calendes de novembre, la 5ᵉ année du règne de Radulphe. A la marge est écrit 995, d'écriture du 16ᵉ siècle, et au-dessous 998, d'écriture moderne. — *24 octobre 997.* Gallia Christ., XVI, 18 (RIV., I, 114).

75. Au folio 30 verso, au bas de la 1ʳᵉ col., est une donation faite à l'église de St-Maurice par Arman, chanoine de ladᵉ église, sans aucune date et avec la seule signature relatée du donateur. — *1030/1070.* CHEVALIER, *C. C. D.*, I, 270.

76. Au folio 31, 1ʳᵉ col., est une autre donation faite à la même église de St-Maurice par Boson et sa femme, d'une vigne, où l'on voit le seing relaté des donateurs, sans date d'année et pendant l'interrègne. — *Janvier env. 1060.* CHEVALIER, *C. C. D.*, I, 266, 28*.

77. Au même folio, à la fin de ladᵉ 1ʳᵉ col., autre donation à ladᵉ église par Guy Bladin, chanoine, d'une vigne, où son seing est relaté, en date du mois de juin, sous le règne de Jésus-Christ, c'est-à-dire pendant l'interrègne. — *Juin 1057/1065.*

78. Au bas de la 2ᵉ col. dud. folio est une autre donation faite à ladᵉ église par *Austrullus*, prêtre, d'une vigne, finissant par les seings relatés du donateur et de plusieurs autres, du 5 des calendes de juin, la 2ᵉ année du règne de Louis, sans autre date. A la marge est le chiffre 891, d'écriture du 16ᵉ siècle. — *28 mai 893.* Voir Append. B.

79. Au folio 31 verso, 2ᵉ col., est une autre donation faite par *Erboldus* en faveur de Sobon, prévôt, d'une terre près de l'église de St-Ferjus, finissant par les seings relatés des parties, en date du 7 des ides de décembre, la 25ᵉ année de l'empire de Louis. A la marge est le chiffre 913, d'écriture du 16ᵉ siècle. — *7 décembre 925*. Cf. CHEVALIER, *C. C. D.*, I, 7*.

80. Folio 32, 1ʳᵉ col., est une donation faite à l'église de St-Maurice de Vienne par Adalmar, d'une vigne, finissant par le seing relaté du donateur et autres, en date du 4 des calendes d'août, la 18ᵉ année du règne de Louis. A la marge est une note, d'écriture du 16ᵉ siècle : *Tempore Alexandri archiepiscopi*. — *29 juillet 918*. CHEVALIER, *C. C. D.*, I, 227.

81. Folio 32 verso, 1ʳᵉ col., autre donation à la même église par *Varnerius* et sa femme, conçue et finissant comme la précédente, en date du 13 des calendes d'avril, sous le règne du roi Conrard. A la marge sont quelques notes, d'écriture moderne. — *20 mars 970/993*. CHEVALIER, *C. C. D.*, I, 242.

82. A la 2ᵉ col., autre donation à la même église par *Archimfredus*, d'une vigne et autres biens, conçue et finissant comme les deux précédentes, en date de la veille des nones de mars, sous le règne de l'empereur Chuonrard. — *6 mars 1033/1039*.

83. Au folio 33, 2ᵉ col., autre donation à lad⁰ église par Bertran, prêtre, de biens et fonds à Cessieu, conçue comme les précédentes, en date du 13 des calendes d'avril, sous le règne de Charles. A la marge est écrit : *Carolo calvo*, au-dessus 873, d'écriture du 16ᵉ siècle. — *20 mars 870*. CHEVALIER, *C. C. D.*, I, 216, 11*.

84. Au folio 33 verso, 2ᵉ col., autre donation faite à lad⁰ église par Constant, clerc, de certains biens à Toissieu ou aux Avenières, finissant comme les précédentes par les seings relatés des donateurs et donataires, la 14ᵉ année du règne de l'empereur Louis. — *914/5*.

85. Au folio 34, 2ᵉ col., donation faite à Sobon, archevêque de Vienne, par Valdon, *levita*, d'une église et appartenances situées à Moissieu, sans date et sans relation de signatures. — *937/948*. CHEVALIER, *C. C. D.*, I, 21*.

86. Au folio 34 verso, 1ʳᵉ col., autre donation faite par *Leutgerius* et sa femme à l'église de Vienne, finissant par les seings des donateurs et autres, en date du mois d'avril, la 12ᵉ année du règne de l'empereur Louis. A la marge est le chiffre 902, d'écriture du 16ᵉ siècle. — *Avril 912*. Cf. CHEVALIER, *C. C. D.*, I, 6*.

87. Au folio 35, 1re col., autre donation à la même église de St-Maurice par Ascheric, lévite, ayant pour titre : *De monasterio Sancti Marcelli Annonaicensi*, avec les seings relatés des donateurs et autres, sans aucune date. — *Env. 972.* CHEVALIER, *C. C. D.*, I, 22*.

88. Au folio 35 verso, 1re col., donation faite par l'archevêque *Theutbaldus* et le chapitre de Vienne au nommé Robert et sa femme, d'un champ à Seyssieu, finissant par les seings relatés dud. archevêque et chanoines, en date du 3 des ides de mars, la 43e année du règne de Chuonrard. A la marge est écrit, avec un crayon rouge, 981. — *13 mars 980.* CHEVALIER, *C. C. D.*, I, 245.

89. Aud. folio verso, 2e col., est une donation faite par Ermingod, prêtre, à l'église de St-Maurice, d'une vigne et fonds, finissant par les seings relatés des donateurs et donataires, sous la date du 8 des ides de juin, la 1re année du règne de Charlemagne (*lire* Carloman) en Bourgogne. — *6 juin 880.* Voir Append. A.

90. Au folio 36 verso est une dotation de la chapelle de St-Etienne située à St-Vallier par Alexandre, archevêque de Vienne, finissant par les seings relatés dud. archevêque, prévôt, chanoines et autres, en date du 6 des ides d'avril, la 17e année de l'empire de Louis. — *8 avril 917.*

91. Au folio 37 recto, 1re col., est une donation faite à l'église de St-Maurice par Etienne, de certains biens à *Caucella*, finissant par les seings du donateur et autres, du 7 des calendes de septembre, la 28e année du règne de l'empereur Louis. — *26 août 928.* CHEVALIER, *C. C. D.*, I, 7*.

92. Aud. folio, 2e col., autre donation à lad° église par un nommé Arnold, d'une maison proche la ville de Vienne, finissant par les seings relatés d'Arnault, son fils, et autres, au mois de novembre, l'an 45 du règne de Rodulphe. — *Novembre 1037 [Décemb. 1032?]* CHEVALIER, *C. C. D.*, I, 311 (RIV., II, 51).

93. Aud. folio 37 verso, 1re col., autre donation faite à lad° église par *Hermingarda* et ses enfants, de leurs biens situés en la paroisse St-Marcellin, territoire de Vienne, finissant par les seings relatés de la donatrice et de ses enfants, en date du 15 des calendes de mars, sans date d'année. Il y est dit : *Domino nostro Jesu Xpisto regnante in sæcula sæculorum, amen.* — *15 février 1057/1065.*

94. Au folio 38 recto, 1re col., est une donation faite à l'église de St-Maurice par le comte *Vego*, de certains biens à Tressin, finissant par les seings du donateur et de plusieurs autres, fait un jour de dimanche du mois d'août, la 12ᵉ année du règne de l'empereur Louis. A la marge est le chiffre 906, d'écriture du 16ᵃ siècle. — *Août 912. Gallia Christ.*, XVI, 13 (Riv., 1, 32).

95. Au folio 38 verso, 2ᵉ col., est un acte par lequel l'archevêque de Vienne reçoit sous la mense du chapitre deux églises, l'une située au lieu dit *in Repentinis*, et l'autre au lieu dit *in Cassiaco*, qui étaient de la nomination du duc Hugues, sous le seing relaté dud. archevêque, sans aucune date. — 911/926. Chevalier. *C. C. D.*, I, 224. Cf. n° 150.

96. Au folio 39 recto, 2ᵉ col., est une donation faite à l'église de St-Maurice de Vienne par *Erlenus*, prêtre, de certains biens à Acieu, finissant par les seings relatés dud. donateur et de plusieurs autres prêtres, sous la date du mois de février, la 8ᵉ année du règne de Louis. A la marge est le chiffre 902, d'écriture moderne. — *Février 897/8 (ou 908/9).* Cf. Charvet, 248.

97. Au folio 39 verso, 1ʳᵉ col., est une autre donation à ladᵉ église par Arnauld et sa femme Galburge de certains biens, finissant par le seing des donateurs et autres, en date du 11 des calendes du mois (de mai?), pendant l'interrègne. — *21 avril 1057/1065.*

98. Aud. folio verso, 2ᵉ col., vente passée par Romain et sa femme Ansegarde à *Josuerius*, prêtre, de certaines possessions au village appelé *Gagino*, finissant par les seings relatés des parties, sous la date du mois de janvier, la 18ᵉ année du règne de Rodolphe. A la marge est le chiffre 1008. — *Janvier 1012.*

99. Au folio 40 recto, 2ᵉ col., est la note ou analyse d'une sentence arbitrale sur des différends entre *Algimarus*, archevêque de Vienne, et le comte Wigeric, au sujet de certaines concessions de biens faites aud. archevêque par les empereurs, commençant : *Notitia allergationis seu querelationis inter Algimarum archiep. et Wigerigum comitem*, etc., finissant par les seings relatés des arbitres, sans aucune date. — *853/858.* Baluze, *Cap.*, I, 1467 (Riv., 1, 10).

100. Au folio 40 verso, 2ᵉ col., est une donation faite à l'archevêque Agelmar de Vienne par Archimram, prêtre, de quelques possessions situées dans le territoire de Lyon, au village appelé *Nuzeria*, finissant par les seings relatés et figurés du donateur et autre, en date du samedi, la 1ʳᵉ année du règne de Charles, fils de l'empereur Lothaire. A la marge est le chiffre 855, d'écriture du 16ᵉ siècle. — *855/6.* Cf. Charvet, 193.

101. Au folio 41 recto, 1re col., est un échange entre l'archevêque de Vienne et Gérold et sa femme, de certains biens à Charancy, sans relation de signature, en date du 18 des calendes de décembre, la 17e année du règne de l'empereur Louis. — *14 novembre 917.*

102. Au folio 41 verso, 1re col., est une donation faite à l'église de Vienne par *Getrinus* et *Delsa*, sa femme, de certaines possessions au lieu appelé *Teppianus*, finissant par les seings relatés des donateurs et autres, en date des ides d'avril, sous le règne du roi Chuonrand. — *13 avril 938/992.*

103. Aud. folio verso, 2e col., vente passée par Rainard et sa femme *Engelberga* à Leutbert et sa femme, d'un chasal situé hors la ville de Vienne, finissant par les seings relatés des parties, sans aucune date. — *IXe siècle.*

104. Au folio 42 recto, 1re col., est une donation faite à l'église de St-Maurice de Vienne par *Drodo*, d'un champ de 14 setérées, situé au lieu appelé *Telliaco*, finissant par le seing relaté du donateur, sans aucune date. — *Xe siècle.*

105. Aud. folio, 2e col., est une donation faite à Rodulphe et sa femme par *Amalgerius* et sa femme Ermensende, d'un fonds à Ville-Urbanne, finissant par les seings relatés des donateurs et autres, sans aucune date. — *IXe siècle.*

106. Aud. folio 42 verso, 1re col., est une autre donation faite aud. Rodulphe et sa femme par *Eldius* et sa femme Ondrade, d'un fonds au lieu susdit, finissant comme la précédente, en date d'un vendredi du mois d'avril, la 5e année après la mort du roi Boson. A la marge est le chiffre 891, d'écriture du 16e siècle, qui est rayé et à côté est 991, d'écriture moderne. — *Avril 891.*

107. Au folio 43, 1re col., est une donation faite par Aldemard, prêtre, et sa mère, à la chapelle de St-Michel (1), finissant par les seings relatés du donateur et autres, en date du 5 des ides de juin, sous le règne de Chuonrad. — *9 juin 938/992.*

108. Aud. folio 43 verso, 1re col., est une donation faite par *Arlulfus* et sa femme *Adoara* à l'église de Vienne, de leurs biens situés dans le territoire de Vienne, au lieu d'Aneyron, finissant par les seings relatés des donateurs et donataires, le 17 des calendes d'octobre, la 2e année de la destruction de Vienne et sous le règne de l'empereur Charles. A la marge est le chiffre 877 et au-dessous : *Carolo calvo*. — *15 novembre 883. Gallia Christ.*, XVI, 9.

---

(1) Moulinet *a effacé :* et ez personnes d'*Eucherius* et Leutold.

109. Au folio 44 recto, 2ᵉ col., est une donation faite à l'église de Vienne par Ermengarde, comme exécutant les volontés de Hugues, son aïeul, des biens situés dans le territoire de Vienne, finissant par les seings relatés de la donatrice et de plusieurs autres, en date du 14 des calendes de décembre, la 27ᵉ année du règne de Louis. Au commencement est la note marginale, d'écriture moderne : *Hermengarda Lotarii imperatoris, Ludovici pii, uxor*, et à la fin, le chiffre 860, d'écriture du 16ᵉ siècle, et au-dessous *tempore Alexandri*, d'écriture moderne. — *18 novembre 927*. CHEVALIER, *C. C. D.*, I, 229.

110. Au folio 44 verso, 2ᵉ col., est une concession faite par l'archevêque de St-Maurice à Ubold, chanoine de ladᵉ église, de l'église de St-Nazaire, à Fornes, dont il était titulaire, finissant par les seings de l'archevêque et de plusieurs autres, en date du 4 des calendes d'octobre, la 2ᵉ année du règne de Gondrad. — *28 septembre 938*. CHEVALIER, *C. C. D.*, I, 233.

111. Au folio 45 recto, 2ᵉ col., est un échange entre le prévôt de Meolan et Agelmar, archevêque de Vienne, finissant par les seings relatés des parties et autres, en date du mois d'avril, la 9ᵉ année du règne de Lothaire. — *Avril 849*. CHEVALIER, *C. C. D.*, I, 214.

112. Au folio 46 recto, 1ʳᵉ col., est une donation faite à l'église de Vienne par *Wigo* et sa femme Fredeburge, d'une vigne et curtil à Chessieu, finissant par les seings relatés des donateurs et de plusieurs, en date du 7 du mois de septembre, l'an 3ᵉ du règne de Rodulfe. A la fin, à la marge, est le chiffre 992, d'écriture du 16ᵉ siècle, qui a été rayé et on a mis après, d'écriture moderne, 994, et le 4 a été effacé et on a mis 7 après, avec un crayon rouge, pour faire 997. — *Septembre 996*. CHEVALIER, *C. C. D.*, I, 248 (RIV., I, 109).

113. Aud. folio, à la 2ᵉ col., est une donation par *Subodus* et Agnès à Anschéric, leur fils, d'une église construite en l'église de St-Marcel et appartenances, laquelle donation est réversible au chapitre de St-Maurice, finissant par les seings relatés des donateurs et autres, sans aucune date. Il y a plusieurs notes marginales, d'écriture du 16ᵉ siècle. — *Env. 970*. CHEVALIER, *C. C. D.*, I, 23*.

114. Au folio 46 verso, 2ᵉ col., est un échange entre l'archevêque Rostaing et un nommé Dominique, de biens et fonds au territoire de Vienne, sans signature et en date des calendes de décembre, sous le règne du roi Chionrad. A la 4ᵉ ligne dud. acte, et avant le mot de *Rostagnus archiepiscopus* est un renvoi à la marge, où est écrit d'écriture moderne : *Theutbaldus*. — *1er décembre 937/939.*

115. Au folio 47 recto, 1re col., est une donation faite à l'église de St-Maurice par *Berilo* et sa femme Leutgarde, de partie de ses biens situés à Vienne, dans le territoire de Chessieu, *in villa Buxio*, finissant par les seings relatés des donateurs et autres, en date d'un samedi au mois d'août, la 1re année du règne de Rodolphe. A la marge était le chiffre 990, qu'on a rayé et on y a mis 994, et après avec un crayon rouge 5. — *Août 994.* CHEVALIER, *C. C. D.*, I, 7*.

116. Aud. folio 47, 2e col., autre donation à la même église par Pons et son frère Didier et sa mère Girberge, de toute la dîme de la Villette, finissant par les seings des donateurs et du notaire, en date du mois de mai, sous le règne de l'empereur Gondrad. — *Mai 1033/39.* CHEVALIER, *C. C. D.*, I, 25*.

117. Au folio 47 verso, 1re col., autre donation au chapitre de St-Maurice par *Dia* et ses enfants, d'une église et appartenances, au territoire de Vienne, lieu dit à Puvillin, avec les seings relatés des donateurs et donataires, en date du mois de mai pendant l'interrègne. — *Mai 1070/76.* Voir Append. E.

118. Au folio 48 recto, 1re col., est une donation à l'église de St-Maurice par *Rotfredus* et sa femme, de leurs biens à Ville-Urbanne et à Corbat près Lyon, finissant par les seings relatés des donateurs et de plusieurs autres, en date du 2 des ides de novembre, sous le règne de Conrad. — *12 novembre après 936.* Cf. CHARVET, 255.

119. Aud. folio, 2e col., est un échange entre le nommé Ricard et l'archevêque et chapitre de Vienne, finissant par les seings relatés des parties, en date du 4 des calendes de mai, sous le règne de Conrad. — *28 avril avant 948.* Cf. CHARVET, 256.

120. Aud. folio verso, 2e col., est un échange entre Bertran et sa femme *Ema* avec le chapitre de St-Maurice, finissant par les seings des permutants et autres, en date du 10 des calendes de janvier, la 13e année du règne de Rodulphe. A la marge est le chiffre 1003. — *23 décembre 1005.*

121. Au folio 49 verso est la collation faite par l'archevêque de Vienne à Alchéric, prêtre, de l'église de St-Quentin avec ses appartenances, située *in pago Viennensi, in villa Coinnaco*, finissant par les seings de l'archevêque et autres présents, en date du 10 des calendes d'août, la 22e année du règne de l'empereur Louis. A la marge est le chiffre 910. — *23 juillet 922.* CHEVALIER, *C. C. D.*, I, 227.

122. Au folio 50 est un acte par lequel le chapitre de St-Maurice donne au nommé *Rathurnus* la jouissance de certains biens et fonds, sous la cense d'un muid de vin, et en récompense de cette donation led. *Ratburnus* donne plusieurs fonds aud. chapitre après sa mort, finissant par les seings relatés de l'archevêque, du prévôt et autres chanoines, en date du 8 des ides de juillet, sous le règne de Chuonrad. — *8 juillet après 937.*

123. Au folio 50 verso est une donation faite à l'église de St-Maurice par Martin, prêtre, d'une maison hors la ville de Vienne, finissant par les seings relatés du donateur et de plusieurs autres, en date du mois de juillet, la 9e année du règne de Lothaire. — *Juillet 848.* Cf. CHARVET, 187.

124. Au folio 51, 2e col., est un échange entre le chapitre de Vienne et Arhinier et sa femme, finissant par les seings relatés des permutants, en date du 17 des calendes de février, la 6e année du roi Charles. — *16 janvier 875.* CHEVALIER, *C. C. D.*, I, 217, 14*.

125. Au folio 51 verso, 2e col., échange entre l'archevêque et chapitre de Vienne et le nommé Fanohel et Suzanne, sa femme, sans relation de signatures et sans date. — *IXe siècle.*

126. Au folio 52 verso, 2e col., est un autre échange entre Engelboton et le comte Erchembold, finissant par les seings relatés des permutants, en date du 16 des calendes de septembre, la 3e année du règne de Lothaire. A la marge est le chiffre 843, d'écriture du 16e siècle. — *17 août 842.* CHEVALIER, *C. C. D.*, I, 211 (RIV., 1, 7).

127. Au folio 52 verso est une donation faite à l'église de St-Maurice par Constant, chorévêque, et Adrufe, diacre, de certains biens au lieu dit au Jardin, finissant par les seings relatés des donateurs, en date du 9 des calendes de mars, la 1re année du règne du roi Charles. A la marge est écrit : *Carolus Lotarii filius, anno 855.* — *21 février 870.* CHEVALIER, *C. C. D.*, I, 216, 9*.

128. Au folio 53, 2e col., est une donation faite à l'église de St-Maurice de Vienne par *Rainus*, de certains biens situés dans le territoire de Vienne, au lieu dit *Bassolada*, finissant par les seings relatés des donateurs et donataires, en date du 4 des ides de mai, sous le règne de Cuhonrad. — *12 mai 938/993.*

129. Au folio 53 verso, 1re col., est une note de la donation faite à l'église de St-Maurice par Eldulfe, ainsi conçue : *Breve memoratorio quem Eldulfus destinavit Sancto Mauricio, si obitus illi evenerit, de hereditate sua, hoc est mansus unus in villa Musclano,* *quem Martinus excolit, et in alia villa Grunnaco, plantata una quam Richerius et infantes sui plantaverunt, et in ipsa villa alium mansum quem Atoardus excolit;* sans date ni relation de seings. — *XIe siècle.* Cf. Charvet, 290.

130. A la même page est la transcription d'une donation faite à l'église de St-Maurice par *Fulcherius*, chanoine de lad^e église, d'une partie de ses biens situés dans le Viennois au lieu appelé *Vernio*, finissant par les seings relatés des donateurs et autres, sous la date du mois de mars, férie 5e, le 23 de la lune, pendant l'interrègne en Bourgogne. — *7 mars 1062.* Chevalier, *C. C. D.*, I, 268.

131. Au folio 54, 1re col., est une concession faite par l'archevêque et chapitre de Vienne à Silvion et sa femme Didane, des biens donnés aud. chapitre par *Ursus*, archevêque, et *Aldo*, en date du dimanche au mois de mai, la 23e année du règne de l'empereur Charles; finissant par les seings relatés des parties. — *Mai 812.* Baluze, *Cap.*, II, 1403.

132. Au folio 54 est une donation faite à l'église de St-Maurice par *Ermendricus*, chanoine de lad^e église, au lieu dit *Tepianus*, finissant par les seings relatés du donateur et autres, sous la date des nones de juin, sous le règne de Cuhonrad. — *5 juin 938/993.*

133. Au folio 54 verso, autre donation faite à lad^e église par *Ardradus* et sa femme, de certains biens à Millieu; led. acte fini d'une encre et écriture un peu différentes, et où l'on voit les seings relatés du donateur et autres, en date du lundi au mois d'août, la 18e année du règne de l'empereur Louis. — *Août 918.*

134. Au folio 55 recto, 2e col., est une donation faite à l'église de Vienne par *Madalgerius* et sa femme Adalsinde et son fils Siffrey, de certains fonds à Sissieu, finissant par les seings relatés des donateurs, en date des ides d'octobre, la 2e année du règne de Rodulphe. A la marge est le chiffre 992, et au-dessous 995. — *15 octobre 995.*

135. Au folio 55 verso, autre donation à lad^e église par une femme nommée *Arnara*, d'une vigne à Poissieu, conçue et finissant comme les précédentes par les seings relatés des donateurs, en date du lundi au mois de janvier, la 3e année du règne de Boson. — *Janvier 882.* Chevalier, *C. C. D.*, I, 3*.

136. Au folio 56 recto, 1re col., est un échange entre Otgier et Isnard, prêtre, et *Walchissus* et sa femme, de certains biens, finissant par les seings relatés des parties, en date du 7 des ides de février, l'an 8e du règne de Rodulphe. A la marge est le chiffre 997. — *7 février 1001.*

137. Au folio 56 verso, 1re col., est une donation faite à l'église de St-Maurice par Adon, prêtre, d'une vigne et fonds à Orsey, finissant par un verbal faisant mention de l'impuissance de signer du donateur et par les seings relatés de plusieurs, en date du lundi, au mois de janvier, la 21e année de Louis. A la marge est le chiffre 921. — *Janvier 922.*

138. Aud. folio, 2e col., autre donation à la même église par Adémar et sa femme Ermengarde, de certains fonds à Marenne, lieu dit à Maclas, avec les seings relatés des donateurs et donataires, sous la date du lundi 4e des nones d'avril, la 1re année du règne de Rodolphe. A la marge est le chiffre 990 et de l'autre part, en crayon rouge, 995. — *2 avril 994.* CHEVALIER, *C. C. D.*, I, 3*.

139. Au folio 57 recto, 1re col., est une donation faite par Theubert au prévôt Sobon, de certains fonds situés dans le Viennois, aux lieux appelés de Mons et de Gien, finissant par leurs seings relatés, en date des ides d'avril, la 25e année du règne de l'empereur. A la marge, au commencement, est écrit : *tempore Alexandri*, d'écriture du 16e siècle, et à la fin est le chiffre 913. — *13 avril 925.* CHEVALIER, *C. C. D.*, I, 229 (RJV., 1, 41).

140. Au folio 57, 2e col., est un acte passé dans le synode tenu à Vienne l'an 907, par lequel la chapelle de St-Sévère, située dans la paroisse de St-Prime, au village de Toissieu, est restituée à lad° paroisse de St-Prime, avec ses dépendances, où sont relatés les noms des témoins. — *907.* BALUZE, *Cap.*, II, 1527.

141. Au folio 57 verso, 2e col., est une donation faite à l'église de St-Maurice par *Alerius*, doyen, Boson et André, diacres, exécuteurs de la volonté de défunt Leutbon, certains biens situés à Toissieu et aux Granges; led. acte informe, attendu que la fin manque et qu'il est sans signature et sans date. — *Xe siècle.*

142. Au folio 58 recto, 1re col., est une concession faite par l'archevêque de Vienne, de l'église de St-Didier au monastère de St-Eugende, sous le cens de 5 sols, etc., finissant par les seings relatés de l'archevêque, doyen et chanoines, sans aucune date. — *1101/05.* CHEVALIER. *C. C. D.*, I, 279.

143. Aud. folio, 2e col., est une donation faite à l'église de St-Maurice par *Usilia*, d'un moulin et de deux curtils, situés dans la paroisse de Chaumont, avec promesse de les tenir pendant sa vie du chapitre sous certaines redevances, finissant par les seings relatés du donateur et donataires, en date du 4 des ides de mai, férie 4e, le 9 de la lune. L'écriture dud. acte est un peu plus grossière que celle des précédents. — *12 mai env. 1009*. Cf. CHARVET, 314.

144. Au folio 58 verso, 1re col., est une donation faite à l'église de St-Maurice de Vienne par Amédée, de ses biens à Chaumont, finissant par les seings relatés du donateur, en date du mois de juin, pendant l'interrègne. — *Juin 1101*. Cff. CHARVET, 314 ; CHEVALIER, *C. C. D.*, I, 282.

145. Aud. folio verso, 2e col., est la note d'un acte faisant mention que l'église de St-Maurice a recouvré l'église de Chaumont, commençant en ces termes : *Notitia qualiter ecclesia Beati Mauricii recuperavit ecclesiam de villa Causimontis*, etc., finissant comme les actes précédents par les seings relatés des chanoines de St-Maurice et autres, sans aucune date. — *1091/1115*. CHEVALIER, *C. C. D.*, I, 276. — Le feuillet suivant paraît avoir été coupé.

146. Au folio 59, 1re col., est une donation faite à lad^e église de St-Maurice par Amédée, prêtre, de deux portions de dîmes et de biens allodiaux qu'il avait à Chaumont, dans la paroisse de St-Genis, finissant par les seings relatés des donateur et donataires, sans aucune date. — *Env. 1110*. CHEVALIER, *C. C. D.*, I, 32^r. — Le verso dud. folio 59 est effacé, et il paraît qu'on y a versé quelque liqueur dessus.

147. Au folio 60 recto, 1re col., est une vente passée à l'archevêque de Vienne par Rotger, de ses biens situés à Artas, faisant retour à l'église de St-Maurice après la mort dud. archevêque, finissant par les seings relatés des vendeur et autres, du 12 des calendes de juin, sans date d'année. — *21 mai vers 903*. Cf. CHARVET, 242.

148. Aud. folio, 2e col., est une donation faite à l'église de St-Maurice par Ingelbert, prévôt de lad^e église, de quelques biens situés à Cessieu, finissant par les seings relatés dud. donateur et donataires, en date du 15 des calendes de janvier, sous le règne de Chuorad. — *18 décembre après 936*.

149. Aud. folio 60 verso, 2e col., est un échange fait entre l'archevêque de l'église de Vienne avec Rodulphe et sa femme *Tigris*, ayant pour titre : *De mulinario Octavense in campo Caponiacense*, finissant par les seings relatés des permutants et témoins, du 11 des calendes de mai, la 10e année du règne de Louis. — *21 avril 910*.

150. Au folio 61 recto, 2e col., est la transcription du même acte qui se trouve au folio 38 verso, 2e col., à l'exception des mots : *Alexander, sancte Vienn. ecclesie humilis episcopus, hanc scripturam* *propria manu roboravit*, qui se trouvent de plus à l'acte transcrit aud. folio 38. — *911/926*. CHEVALIER, *C. C. D.*, I, 224. Cf. n° 95.

151. Au folio 61 verso, 2ᵉ col., est une donation faite à l'église de St-Maurice par Saril et sa femme Irmengarde, d'une vigne à Chessieu, village d'Embalent, finissant par les seings relatés des donateurs, donataires et notaires, en date du 17 des calendes d'avril, la 38ᵉ année du règne de Chuonrad. — *16 mars 975*. Cf. CHARVET, 260.

152. Au folio 62 recto, 2ᵉ col., est une autre donation à la même église par *Aldenunda* de partie d'une vigne joignant le Rhône, finissant par les seings relatés de la donatrice, de son fils et autres, sous la date du mois de mars, l'an 41 du règne de Rodulphe. — *Mars 1034*. CHEVALIER, *C. C. D.*, I, 312.

153. Aud. folio 62 verso est un acte par lequel le chapitre de Vienne donne au nommé *Berilo* et à son fils la jouissance des biens qu'avait possédés son oncle Eruhic à Anneyron, sous la cense de 5 s. et un muid de vin, avec les seings relatés des chanoines de lad. église, en date du 4 des calendes de juin, sous le règne de Chuonrad. — *29 mai 938/993*. CHEVALIER, *C. C. D*, I, 237.

154. Au folio 63 recto, 1ʳᵉ col., acte par lequel le chapitre de Vienne donne à Randuice et à sa femme Ruingarde la jouissance de certains biens, en récompense d'une grange que lesd. Randuice et sa femme avaient donnée aud. chapitre, et à condition que le tout ferait retour aud. chapitre après leur mort, sous les seings relatés des parties, en date du mois d'octobre, l'an 3 après la mort de Boson; et en marge est le chiffre 889. — *Octobre 889*. *Gallia Christ.*, XVI, 10.

155. Aud. folio 63, 2ᵉ col., est une donation à titre précaire faite par *Constantius*, prêtre, à l'église de St-Maurice, de certains biens situés au lieu dit *Tippiano* et *Ambariaco*, sous la cense de 5 s., finissant par les seings relatés des contractants, sous la date du lundi 3° des nones de décembre, la 7ᵉ année du règne de l'empereur Louis. A la marge est le chiffre 821. — *3 décembre 820*. *Gallia Christ.*, XVI, 5.

156. Au folio 63 verso, 2ᵉ col., est un échange entre *Endricus* et sa femme d'une part et le chapitre de Vienne, de certains champs, finissant par les seings relatés des contractants, en date des calendes de juillet, la 25ᵉ année du règne de Charles; à la marge est le chiffre 907, d'écriture du 16ᵉ siècle. — *1ᵉʳ juillet 864?*

157. Au folio 64, 2ᵉ col., est une donation faite à l'église de St-Maurice par Arhinard et sa femme Witlende, de certains biens situés au lieu dit *Cicognigus*, finissant par les seings relatés des donateurs et donataires, sous la date du 14 des calendes de février, l'an 3ᵉ du règne de Lothaire. A la marge est le chiffre 843, d'écriture du 16ᵉ siècle. — *19 janvier 843*.

158. Au folio 65 recto est un échange fait entre Agilmar, archevêque, du consentement du chapitre de Vienne, et Rodstain, ayant pour titre : *De commutatione in Montalio et in Reveliata et in Campania et in Brociano*, finissant par le seing relaté dud. *Rostanius* et de Londoin, prêtre, sous la date du 17 des calendes de juillet, la 3ᵉ année du règne de Lothaire. Au milieu dud. acte est une lacune d'une demi-ligne qui se trouve en blanc; à la marge est le chiffre 843, d'écriture du 16ᵉ siècle. — *15 juin 843*. CHEVALIER, *C. C. D.*, I, 213.

159. Au folio 66 recto, 1ʳᵉ col., est une donation faite par Dominique et sa femme Eltrude à l'église de Vienne, d'une petite pièce de vigne située dans le comté de Vienne, au lieu dit *Brocianus Subterior*, avec les seings relatés des donateurs et donataires, en date du 6 des calendes d'avril, la 3ᵉ année du règne de Louis. A la marge est le chiffre 893. — *27 mars 893*. Cf. CHEVALIER, *C. C. D.*, I, 218. Voir Append. C.

160. Aud. folio 66 verso, 1ʳᵉ col., est une donation faite à l'église de St-Maurice par Galbet, archiprêtre, d'une vigne et un champ à Rocian, finissant par les seings relatés du donateur et des témoins, en date du jeudi du mois de février, la 6ᵉ année du règne de Louis. A la marge est le chiffre 896, d'écriture du 16ᵉ siècle. — *Février 896*.

161. Aud. folio, 2ᵉ col., est un acte par lequel l'archevêque de Vienne donne au nommé Frodac les décimes dépendantes de l'église de St-Maurice pour la dotation de la chapelle que led. Fraudac avait fait bâtir, avec la permission de l'archevêque, dans ses biens situés au lieu dit *Aure Monte*, sous la cense de 12 d., avec les seings relatés des concédants, sans aucune date. — *911/927*. PETIT, *Theod. Pœnit.*, II, 380.

162. Au folio 67 recto, 2ᵉ col., est une donation faite à l'église de St-Maurice par Artaud et sa femme *Saxa*, de certains biens au lieu dit *Valleno*, avec les seings relatés des donateurs et témoins, en date du 4 des ides de mars, sous le règne de Chuonrad. — *12 mars 938/993*.

163. Aud. folio 67 verso, 2ᵉ col., est le commencement d'un acte qui paraît être une donation faite à l'église de St-Maurice par *Raynus*, d'un champ au lieu dit *Bassolata*. — Xᵉ siècle.

164. Au 68ᵉ feuillet suivant est la fondation de l'église de St-Maurice, écrite en une page en deux colonnes, d'une écriture plus menue et qui paraît être de la fin du 14ᵉ siècle, et où l'on voit plusieurs mots à plusieurs et différentes lignes en blanc et qui paraissent même avoir été grattés ; on y voit même quelques mots d'écriture plus récente. Cette note historique de l'église de Vienne est sans date et n'est pas finie. — ⁻env. *781.* CHEVALIER, D. H. D., XIII, 14-9 (*Œuvr.* sᵗ *Avit*, xxxij).

165. Au folio 68 verso, 1ʳᵉ col., est une donation faite à l'église de St-Maurice par *Reencus*, Isarne et autres, leurs parents, des biens qu'ils avaient au lieu de Chaumont, sans relation de signatures et sans date. — XIᵉ siècle.

166. Aud. folio 68 verso, 2ᵉ col., est un acte par lequel Galbert de Siurée et Guillaume et Pierre, ses neveux, donnent à l'église de Vienne le droit qu'ils pouvaient avoir sur la maison de Milon et qu'on leur disputait : ladᵉ concession faite pour le prix de 50 s., led. acte passé en présence de l'archevêque de Vienne et plusieurs autres, sans aucune date. — *1141.* Cf. CHARVET, 337.

167. Au folio 69 recto, 1ʳᵉ col., est une donation faite à l'église de St-Maurice et de St-Vallier par *Jermundus* et sa femme *Valdrada*, de ce qui pouvait leur appartenir à Rossillon, avec les seings relatés des donateurs et témoins, sans aucune date. — XIᵉ siècle.

168. Au folio 69 verso est un échange fait entre *Leudegarius*, archevêque de Vienne, et un certain *Adalgerius*, prêtre aud. Vienne(1); led. acte écrit d'une main différente que les deux précédents, finissant par les seings relatés de l'archevêque et chanoines de St-Maurice. — *1030/70.*

169. Aud. folio verso, 2ᵉ col., est une donation faite à l'église de St-Maurice par Berteric et sa femme Ermengarde, de deux mas et une église, situés à Salmorenc, au lieu dit *Vouredo*, et d'une vigne à Balbin, finissant par les seings relatés des donateurs, donataires et témoins, en date de la veille des nones de mai, la 5ᵉ année du règne de Gonrad. A la marge est le chiffre 1036, d'écriture du 16ᵉ siècle, et au-dessus, d'écriture moderne, 942 ; à côté du mot règne

---

(1) Moulinet *a effacé* ; de quelques fonds à Sainte-Colombe.

domini Gonradi, on y a écrit *Rodulphi*, d'écriture du 17ᵉ siècle. — 6 mai 998 ? 1029 ? Chevalier, *C. C. D.*, I, 5*. —Entre les feuillets 69 et 70, il y a deux feuillets qui paraissent avoir été coupés ; néanmoins l'acte qui commence au verso du folio 69 finit au folio 70 et n'est point interrompu par les deux feuillets coupés.

170. Au folio 70 recto, 1ʳᵉ col., est un acte de déguerpissement fait par Durand Chevrin et Rolland, son fils, à l'archevêque Guy, le 17 des calendes de juillet, jour de dimanche, de l'année 1113, avec la relation des témoins. Il y a au commencement la note suivante : *Guido, qui fuit papa Calixtus.* — *15 juin 1113.* Chevalier, *C. C. D.*, I, 281.

171. Au folio 70 verso est la confirmation faite par Pierre, archevêque de Vienne, du consentement du chapitre, en faveur de l'abbé et église de St-Ruf, des églises de St-Martin, St-Nicet, St-Albin et autres, avec leurs droits, appartenances et dépendances, données à lad° abbaye par Guy, archevêque de Vienne, son prédécesseur, finissant par les seings relatés de l'archevêque, doyen et chanoines, en date de l'an 1125. — *1125.* Petit, *Theod. Pœnit.*, II, 630 (Riv., II, 153).

172. Aud. folio verso, 2ᵉ col., est une bulle du pape Calixte, portant injonction à l'archidiacre de Vienne de restituer au chapitre les condamines de *Jayno* qu'il s'était appropriées, sans relation de signatures, en date du 7 des ides d'avril. — *7 avril 1120.* Chevalier, *C. C. D.*, I, 287 (Jaffé-L. 6837).

173. Autre bulle, à la même page, du même pape pour le même sujet, en date du 17 des calendes d'août. — *16 juillet 1120.* Chevalier, *C. C. D.*, I, 287 (Jaffé-L. 6856).

174. Au folio 71 recto, 1ʳᵉ col., est un acte d'abandon fait par Guigues Romestaing à Pierre, archevêque de Vienne, et à ses successeurs des prétentions qu'il avait dans la terre de *Fusino* contre led. archevêque, et led. archevêque lui donne en récompense 150 s. et 2 pièces de maison, finissant par les seings relatés de l'archevêque et autres, en date du 7 des calendes de juillet l'an 1123. — *25 juin 1123.* Chevalier, *C. C. D.*, I, 34*.

175. Aud. folio, 2ᵉ col., est un acte par lequel le prévôt de l'église de Vienne donne à plait à Barnard, Durand, Brunicard et Artaud, enfants de Giraud d'Ampuis, le mas de Vereney sous certaines redevances ; led. acte sans aucune date et où sont relatés les seings des chanoines. — *1088/1119.* Cf. Charvet, 309.

176. Au folio 71 verso est la note des acquisitions faites par Guy, archevêque de Vienne, de diverses personnes, de différents biens, droits et possessions au lieu de Pac, sans date et sans relation de signatures. — *Env. 1090.* Chevalier, *C. C. D.*, I, 31*. — Le bas dud. folio, 2ᵉ col., est en blanc.

177. Au folio 72 recto, 1ʳᵉ col., est une note d'un abandon fait par *Raynerius, Morardus* et Marie, sa femme, à St-Maurice, des droits qu'ils avaient sur l'église *de Monte Superiori et de Milleyo*, sans aucune date et où sont relatés les seings des témoins. — *Env. 1130.* Cf. Charvet, 336.

178. De suite est une autre note de l'abandon fait à la même église par Guigues d'Auberive et Gautier de *Balbeyo* et Umbert du Pont, de tous les droits qu'ils avaient *in batentoriis de Exauraur*, de même sans date et où sont relatés les seings des témoins. — *XIIᵉ siècle.*

179. Aud. folio, 2ᵉ col., autre note d'abandon fait par Hugues de Reventin et sa femme à la même église, des décimes de Reventin, aussi sans date et où sont relatés les seings des témoins. Nᵃ le nom de la femme est en blanc. — *XIIᵉ siècle.* Cf. Charvet, 336.

180. De suite, autre note d'autre abandon fait à lad. église par Joserand de Farnay, de tous les droits qu'il avait sur le mas de Vérennay, sans date et où sont relatés les seings des témoins. — *XIIᵉ siècle.*

181. Au folio 72 verso, 1ʳᵉ col., est la note d'un abandon fait par Amédée de Montchenu à l'église de Vienne, entre les mains du pape Calixte, des églises de St-Pierre d'Enoc et de St-Michel de Montchenu, dont il avait joui lui et ses prédécesseurs injustement, avec tous les droits et appartenances desd. églises, sans aucune date et sans relation de seings. — *13/7 février 1120.* Giraud, I, pr. 319.

182. Aud. folio verso, 2ᵉ col., est une suite de la note précédente, où il est fait mention de la rémission faite par led. Amédée de ce qu'il avait usurpé, de sa mort et de sa sépulture. — *XIIᵉ siècle.* Giraud, I, pr. 320.

183. Au folio 73 recto, 1ʳᵉ col., est la note d'une promesse faite par Sieboud de *Belveico*, avec quatre chevaliers, en présence de l'archevêque de Vienne, de ne point prendre hommes, femmes ni biens à Charentonay, sans date et sans relation de signatures. — *Env. 1113.* Chevalier, *C. C. D.*, I, 280.

184. A ladᵉ colonne est une reconnaissance faite en faveur du

185. Au folio 73 verso est la transcription de la fondation de deux chapelles dans l'église de St-Jean à Vienne, faite par Guillaume de Poitiers, seigneur de St-Vallier, en date du 8 mai 1338, à la suite de laquelle fondation se trouvent la dotation et la quantité des rentes affectées pour icelle ; et cet acte n'est pas fini. Cette transcription est d'écriture du 14ᵉ siècle. — *8 mai 1338.*

186. Au folio 74 recto, 1ʳᵉ col., est la bulle du roi Charles, par laquelle il prend sous sa protection et sauvegarde les biens paternels et maternels qu'Agilmar, archevêque de Vienne, possédait dans les royaumes d'Aquitaine et de Bourgogne, finissant par le seing figuré dud. roi, sous la date du 9 des calendes de décembre, la 3ᵉ année de son règne. Et à la marge est le chiffre 858, d'écriture du 16ᵉ siècle. — *23 novembre 856.* Bouquet, VIII, 675 (Bréq., I, 245).

187. A la 2ᵉ col. est une autre dud. roi, portant donation aud. archevêque de quelques biens dans le comté de Lyon, aux lieux dits *Silviniacum et Lucum, Gabrizitum et Graniscum*, finissant par le seing figuré dud. roi, un peu différent du précédent, et sous la date du 15 des calendes de juillet, la deuxième année de son règne. Il paraît qu'il y avait auparavant III et on a rayé, d'écriture moderne, led. chiffre pour ne laisser que II ; à la marge est le chiffre 857. — *17 juin 858.* Gallia Christ., XVI, 8 (Böhm-M., 1292).

188. Au folio 74 verso, 2ᵉ col., est une autre bulle du même roi, par laquelle il prend sous sa protection les biens de Léon et de Leutrade, sa femme, situés à Sizieu et à Cartinieu, qu'ils tenaient à titre précaire de l'église de Vienne, finissant comme les précédentes par le seing figuré du roi, en date du 17 des calendes de février, la 3ᵉ année de son règne. A la marge est le chiffre 858, d'écriture du 16ᵉ siècle. — *16 janvier 858.* Bouquet, VIII, 397 (Böhm-M., 1291).

189. Aud. folio, 2ᵉ col., autre bulle dud. roi Charles, fils de Lothaire, par laquelle il rend à l'église de St-Maurice le village et église de St-Marcel hors Vienne, qui avaient été usurpés et enlevés à lad° église, finissant par le seing figuré dud. roi, sans aucune date. A la marge est le chiffre 852, d'écriture du 16ᵉ siècle. Nᵃ il y a plusieurs mots qu'on a laissés en blanc en différentes lignes. — *856/8.* Bouquet, VIII, 397 (Böhm-M., 1293).

190. Au folio 75 verso, 2ᵉ col., est une bulle de l'empereur Louis, portant confirmation des biens et privilèges de l'église de St-Maurice, finissant par le seing figuré dud. empereur et celui de son chancelier, en date du 2 des calendes de novembre, la 4ᵉ année du règne dud. empereur. — *31 octobre 904.* Bouquet, VIII, 415 (Bréq., II, 250).

191. Au folio 76 verso, autre bulle dud. empereur Louis, portant restitution à l'église de St-Maurice du lieu de Ciseriac et de l'église de St-Alban, finissant par le seing figuré dud. empereur et sous la date du 8 des calendes de janvier, la 27ᵉ année de son règne. — *25 décembre 927.* Gallia Christ., XVI, 15 (Riv., I, 44).

192. Au folio 77 recto, 2ᵉ col., autre bulle du même empereur, portant donation à lad. église de Vienne du village des Crottes et de l'église de St-Didier, appartenances, droits et dépendances, finissant par le seing figuré dud. empereur, du 5 des calendes de décembre, la 27ᵉ année de son règne. — *27 novembre 927.* Chevalier, C. C. D., I, 231.

193. Au folio 77 verso, autre bulle du même empereur, par laquelle il accorde au vicomte Bérile les villages de Ponciac et de Chabannes, avec l'église sous le vocable de St-Jean, droits, appartenances et dépendances, finissant, ainsi que les précédentes, par le seing figuré de l'empereur, en date du 15 des calendes de mai l'an 902. — *17 avril 902.* Chevalier, C. C. D., I, 219 (Riv., I, 28).

194. Au folio 78, 2ᵉ col., autre bulle dud. Louis empereur, portant restitution à l'église de St-Maurice d'une partie du village de Fornes, situé dans le comté de Vienne, appartenances et dépendances, où se trouve le seing figuré dud. empereur, datée du 7 des calendes de novembre et la 5ᵉ année de son règne. — *26 octobre 905.* Bouquet, VIII, 416 (Bréq., I, 252).

195. Au folio 78 verso, autre bulle dud. empereur Louis, par laquelle il veut que les ordres du comte *Adalelmo* et de son épouse *Rotlindi* soient observés et exécutés en tous lieux, finissant par le seing relaté dud. empereur, sous la date des ides de juin l'an 903, la 3ᵉ année de son règne. Il y a un mot en blanc vers le milieu de l'acte. A la marge est le chiffre 903, d'écriture du 16ᵉ siècle. — *6 juin 903.* Chevalier, C. C. D., I, 221 (Riv., I, 29).

196. Au folio 79 recto, 2ᵉ col., est une autre bulle du même empereur Louis, portant donation à un nommé Girard, d'une vigne située au lieu dit *Treciano*, où est figuré le seing dud. empereur et en date du 15 des calendes de février, la 14ᵉ année de son règne. — *18 janvier 915.* CHEVALIER, *C. C. D.*, I, 226.

197. Au folio 79 verso, 2ᵉ col., autre bulle dud. empereur Louis, en faveur d'un certain André, prêtre, qui n'est point finie et le feuillet suivant paraît avoir été coupé. — *Env. 911.* CHEVALIER, *C. C. D.*, I, 222.

198. Au folio 80 recto, 1ʳᵉ col., est une donation faite à l'église de St-Maurice de Vienne par Rostaing, chanoine de lad. église, du consentement d'Artaud, son frère, de tous les biens qu'il avait au lieu dit *Repentinis*, où sont relatés les seings de l'archevêque, des donateurs, donataires et témoins, sans aucune date. — *XIᵉ siècle.*

199. Aud. folio, 2ᵉ col., est une donation faite à l'église de St-Maurice par Guillaume de Chandieu, chanoine de lad. église, d'une maison et jardin situés à droite de lad. église de St-Maurice, avec le droit de directe sur une terre y attenant, avec les seings relatés des chanoines et témoins, mais sans aucune date. — *XIIᵉ siècle.*

200. Au folio 80 verso, 1ʳᵉ col., est un acte par lequel Albert Garcin donne et cède à l'église de Vienne une vigne située *in valle Hortensi circa ecclesiam Sanctorum Gervasii et Protasii*, appelée la vigne de St-Gervais, qui avait auparavant été donnée à lad. église de Vienne par Guillaume, son frère, et sur laquelle il prétendait avoir droit, finissant par les seings relatés du donateur et de plusieurs chanoines, sans aucune date. — *1088/1119.* CHEVALIER, *C. C. D.*, I, 274.

201. Au folio 81 recto, 1ʳᵉ col., est la note d'une vente passée (par) le doyen et chanoines de Vienne aux frères de Pons de Rossillon, de toute la dime de Bellegarde, où sont relatés les noms des présents, sans aucune date. — *XIIᵉ siècle.*

202. Aud. folio, 2ᵉ col., est la note d'un acte par (lequel) le chapitre de St-Maurice de Vienne donne aux religieux de St-Pierre hors les portes de Vienne la 6ᵉ partie de la dime de Bellegarde, au sujet de laquelle ils avaient eu des différends, sans date et sans signature. — *XIIᵉ siècle.*

203. Bulle de François (*lire* Frédéric), roi des Romains, par laquelle il veut que la ville de Vienne et le château de Pipet soient gardés par l'archevêque et le chapitre dud. Vienne en son absence, sans date ni signature. Cette charte n'est point finie et le quart de la 1ʳᵉ col. de la page est en blanc. — *Juin 1153.* CHEVALIER, *C. C. D.*, I, 292.

204. Aud. folio verso, 2ᵉ col., est la note d'un acte par lequel Bernard de Miribel, archidiacre de l'église de Vienne, cède à la maison de Marnant deux moulins à Chaumont, en date du 3 des calendes de janvier l'an 1184. Cet acte est reçu par Humbert, notaire de l'église de Vienne, en présence du doyen et de tout le chapitre. A la marge est le chiffre 1184, d'écriture du 16ᵉ siècle. — *30 décembre 1184*. Cf. Charvet, 360.

205. Au folio 82 recto, 1ʳᵉ col., est la note d'une acquisition faite par le chapitre de Vienne de Guillaume Blain, chevalier, d'une direction et pension de six maisons *in Cuveria (sex domorum in Cuveria)*, l'an 1184, en présence de plusieurs chanoines. — *1184*.

206. A la même col. est la note d'un acte par lequel il est dit que le chapitre de Vienne a donné à perpétuité à Étienne de *Carreria*, sa femme Pétronille et à leurs successeurs, leur moulin de la Roche de Vaux, *molendinum Vallis Ruppium*, du consentement de l'archevêque et en présence des chanoines, sous la pension d'un setier froment, sous la date de l'an 1185. A la marge est le chiffre 1185. — *1185*. Cf. Charvet, 357.

207. Aud. folio recto, 2ᵉ col., est la note : 1º d'une donation faite par Berlion de la Tour à l'église de St-Maurice, de tout ce qu'il prenait sur la dime de l'église de Biol, led. acte passé l'an 1185, en présence des chanoines et autres témoins. — *1185*. Cf. Charvet, 358.

208. 2º D'autre donation à la même église par Arbert de la Tour, de ce qu'il avait à St-Chef. — *Env. 1185*. Cf. Charvet, 358.

209. Au folio 82 verso, 1ʳᵉ col., est une note par laquelle il appert que Rostain Guichard et son père avaient donné en gage au chapitre de St-Maurice de Vienne un curtil, une pièce de terre et un champ qu'ils tenaient en fief dud. chapitre; lesquels biens Humbert et Pierre, enfants dud. Guigues, ont ensuite donnés à lad ͤ église et pour laquelle donation ils ont reçu des chanoines dud. chapitre six livres, où sont relatés les seings des témoins et en date de l'an 1179. — *1179*. Chevalier, *C. C. D.*, I, 307.

210. Aud. folio verso, 2ᵉ col., est un acte qu'on a croisé en entier par plusieurs traits de plume, par lequel il appert que Milon Furet donne au chapitre de St-Maurice ce que led. chapitre avait en gage de lui à Causelle, et pour cette donation led. Milon reçoit des chanoines 35 s.; les seings des témoins y sont relatés et il est daté de l'an 1180. — *1180*.

211. Au folio 83 recto, 1re col., est la note d'un acte par lequel Bernard de Miribel donne pour le service de l'autel du St-Esprit *domum graduum que est ante januas Sancti Mauricii*, à condition que le desservant fournirait l'huile pour la lampe et dirait des messes pour le donateur aux jours indiqués aud. acte, qui a été reçu par Humbert, notaire, en présence et du consentement de l'archevêque et du chapitre de St-Maurice. — *1173/87*. Chevalier, *C. C. D.*, I, 304.

212. Aud. folio recto, 2e col., est la note d'une donation faite par le chapitre de Vienne aux frères de Limon, (de) certaine quantité de bois et terre, en date de l'an 1188, en présence et du consentement de l'archevêque et du doyen dud. chapitre. — *1188*. Cf. Charvet, 360.

213. Aud. folio 83 verso est une donation faite à l'église de St-Maurice de Vienne par Guillaume de Farnay et Silvin, son frère, de tout ce qu'ils avaient au mas de Tillies, pour laquelle donation ils reçurent 65 s., led. acte en date de l'an 1189. — *1189*.

214. Aud. folio verso, 2e col., est la note d'un acte par lequel Joffroy *Guinisii* donne en gage à l'église de Vienne tous les biens et droits qu'il avait à Charantonnay, excepté un moulin et curtil, pour la somme de 40 liv., en date de l'an 1191, en présence de l'archevêque et autres chanoines. — *1191*.

215. Au bas de cet acte est une autre note, d'écriture différente et mise après coup, où il est dit que led. Geoffroy a reçu du depuis 300 (s.) sur lesd. biens engagés et où il est mention de la présence des témoins, sans date. — *Après 1191*.

216. Cependant à lad. col. est une note par laquelle il est dit que Girbert, archiprêtre, a donné à St-Maurice mille sols pour son anniversaire, et le chapitre lui accorde les dîmes d'Ambolin et de Reventin, sous la réserve de celles du vin, sans date et sans relation de seing. — *Après 1191*.

217. Au folio 84 recto, 1re col., est la note des acquisitions faites par Girbert de Vernos, archiprêtre, au profit de l'église de Vienne, des dîmes de St-Clair, de la manière y mentionnée, en date de l'an 1190; acte reçu Humbert, notaire de lad. église. — *1190*. Cf. Charvet, 360.

218. A la même col. est la note d'un acte par lequel Bérilon d'Illins et Guillaume, son fils, pour terminer le différend qu'il avait avec Bernard de Miribel, obédiencier de Causelle, promet de ne point inquiéter les hommes demeurant dans la terre de St-Maurice, avec les autres clauses y contenues ; led. acte en date de l'an 1189, fait en présence du doyen et de tout le chapitre, et reçu par Humbert, notaire de lad^e église. L'écriture de lad^e note est d'une encre plus blanche que les précédentes et suivantes. — *1189.*

219. Aud. folio recto, 2e col., est la note d'une donation faite à l'église de St-Maurice par Guillaume de *Cuveria*, de la terre de Commenay et autres biens ; et par cet acte, led. Guillaume retient et garde lesd^{es} terres sous la pension d'une livre, et il engage envers la même église sa maison d'Alperon et son four pour 100 liv. jusqu'à ce qu'il les ait payées. — *Env. 119.*

220. Folio 84 verso, 1re col., est un acte par lequel Artaud et Pons de Rossillon, frères, ont engagé envers l'archevêque et église de Vienne, pour 1000 s., la garde de la ville *(obligane* (sic) *custodiam ville)* et tout ce qu'ils y possédaient, et ils ont donné en otage plusieurs personnes y dénommées ; led. acte fait en présence des témoins y désignés, sous la date de l'an 1192. — *1192.* Cf. CHARVET, 361.

221. A la 2e col. dud. folio verso est une note faisant mention d'une donation faite au chapitre de Vienne par Girard de Basternay, de 60 s. qu'il exigeait sur la dîme de Trenay, en présence des témoins y nommés et sous la date de l'an 1193. — *1193.*

222. De suite à la même col. autre note d'un achat fait par le chapitre de l'église de Vienne de la dame Pétronille Charière, d'une partie de son fief qu'elle avait conjointement avec Durand Bonjean, au prix de 40 liv.; il y est aussi fait mention d'un achat d'une pension que lad^e dame percevait avec led. Bonjean *in Capraria* : le tout en date de l'an 1193, en présence de l'archevêque et du doyen ; led. acte reçu Humbert, notaire. — *1193.*

223. Au folio 85 recto, 1re col., est la note d'une vente à l'église de St-Maurice et à Bornon de Voiron par Bérillon d'Auterive, de la dîme de Trinneu, du consentement de sa femme et de son fils, et a reçu dud. Bornon C. sols ; il est fait mention des témoins dans lad^e note, et elle est sans date. — *Env. 1193.* — La moitié de la d^e 1re col., du côté du bas, est en blanc.

224. Aud. folio, 2e col., est la note d'une donation faite, en l'an 1194, par Hugues de Voiron à l'église de St-Maurice, de sa portion du château d'Ornacieu, avec tout ce qui appartenait à la direction pour la 6e portion ; il n'y est point fait mention de signature ni de témoins. — *1194.* Cf. CHARVET, 361.

225. A lad⁰ col. autre note d'autre donation faite à la même église par Guigues Faramant, surnommé le Vallet, de sa portion de la métairie de Faramant, dans le cas qu'il vint à mourir sans enfants ou ses enfants sans enfants, en date de l'an 1195, en présence du doyen et de tout le chapitre. — *1195.*

226. Aud. folio verso, 1ʳᵉ col., est la note d'une donation faite au même chapitre par Guigues Paian de trois églises, et led. chapitre lui fit présent de 10 livres et lui promit de recevoir son fils pour chanoine, et de lui donner lesd⁰ˢ églises tant qu'il vivrait, à la condition qu'après sa mort lesd⁰ˢ églises retourneraient aud. chapitre, en date de l'an 1195. — *1195.* Chevalier, *C. C. D.*, I, 34*.

227. Aud. folio, 2ᵉ col., est la note d'un achat fait en l'an 1196 par le chapitre de l'église de Vienne, de Guillaume Paner, de neuf setérées de terre situées aux Coştes, au prix de 40 liv.; il donne pour caution les personnes y nommées. — *1196.* Cf. Charvet, 363.

228. A lad⁰ col. est un autre achat, sous la date de la même année, fait par led. chapitre, de Milon de St-Symphorien, au prix de 19 liv., de la vigne de St-Gervais et d'une pension de 7 s. sur des jardins tout auprès; led. acte fait en présence des chanoines. — *1196.* Cf. Charvet, 363.

229. Au folio 86, 1ʳᵉ col., est la note d'une acquisition faite par le chapitre de Vienne de Léothard de Pinet, de tout ce qu'il avait à Charantonnay, au prix de 40 liv.; led. acte fait en présence des chanoines et en date de l'an 1194, qui est écrit comme suit : M. C.LXXXXIV; il y avait auparavant : M. CLXXXXVI et on l'a corrigé, avec une encre moderne, pour en faire un 4, ayant barré le dernier chiffre I et l'ayant mis devant le 4, comme il est ici figuré : LXXXXIV. — *1194.*

230. A lad⁰ col. est une concession faite à lad⁰ église de Vienne par Guigues de Reventin, de tout ce qu'il percevait à Reventin sous le nom de dîme, pour le prix de (22 liv.), en date de la même année. — *1194.*

231. A la même col. est la note d'une vente faite, la même année, à la même église de Vienne par Guy de Moras et *Galterius Gilbergi*, de tout le droit qu'ils avaient sur la terre de St-Clair, au prix de 32 liv. — *1194.*

232. Aud. folio, 2ᵉ col., est la note d'un achat fait par lad⁰ église de Barthélemy d'Albon, de 21 deniers annuels au bourg de Fuscin, au prix de 7 liv., en présence des témoins y nommés, en date de la même année. — *1194.*

233. Autre note d'un achat fait, en l'an 1195, par l'église de Vienne des Rifonds, de tout ce qu'ils avaient à Morivel et à Vienne, au prix de 400 sols, en présence de tout le chapitre. — *1195*.

234. Autre achat, de la même année, fait par led. chapitre de Girard de Majestreu, de tout ce qu'il avait à Vienne avec les Riffonds, au prix de 7 liv., en présence de tout le chapitre. — *1195*.

235. Autre achat fait par lad^e église de Pierre Bordon, de tout ce qu'il avait à St-Clair, au prix de 7 liv., en présence de l'archevêque et des procureurs du chapitre. — *Env. 1196.*

236. Autre note d'achat, comme les précédents, fait par lad^e église de Guy de Moras, de tout le droit qu'il avait sur les moulins des *Essoraors*, au prix de 100 s., en présence du doyen et chanoines. — *Env. 1196.*

237. Aud. folio 86 verso est la note d'un achat fait en 1197 par lad^e église d'Antelme de Montrond, de la 4e portion des foires de Pentecôte et la 5e portion de la 4e; le tout au prix de 80 liv., en présence du doyen et de tout le chapitre. — *1197*. Cf. CHARVET, 363.

238. A lad^e col. est la note d'un acte de la même année, par lequel Rostaing de Chalaisin engage à l'église de Vienne la 6e portion de la dîme de Cuillin pour 10 liv., sans relation de seings ni de témoins. — *1197*.

239. A la même col. autre note d'un engagement fait, la même année, à lad^e église de Vienne par Guigues de St-Genis, de sa maison et de la cense de son puits, pour 20 liv., comme la précédente, sans qu'il y soit mention de seing ni de témoins. — *1197*.

240. Aud. folio verso, 2e col., est la note d'un achat fait, lad^e année, par lad^e église de Vienne d'Humbert Sala et sa femme, de sa maison près le pont de St-Martin, au prix de 35 liv., le tout fait par les procureurs du chapitre, sans relation de signatures. — *1197*.

241. A lad^e col. est la note d'un autre achat fait par les procureurs dud. chapitre de St-Maurice de Pierre Ministérial, d'une certaine vigne à St-Clair, d'une rente annuelle de 10 s., et d'un curtil, le tout au prix de 14 liv. — *Env. 1198.*

242. Autre note d'acquisition faite par les procureurs dud. chapitre, de la vigne d'Aalase, au prix de 40 s., sans date, sans seing et sans relation de témoins. — *Env. 1199.* — Le reste de lad^e col., faisant un quart, est en blanc.

243. Au folio 87 recto, 1re col., est la note d'un acte (fait en) 1200, par lequel Humbert de Beaumont concède à l'église de St-Maurice tout ce qu'il percevait des dîmes de St-Pierre et renonce à tout le droit qu'il y avait ; lad⁰ concession confirmée par sa femme et ses enfants ; et led. de Beaumont reçut 100 s.; led. acte fait en présence de plusieurs témoins y nommés. — *1200*. Brizard, II, 11.

244. Autre note à la même col. d'un acte, de la même date, par lequel Guillaume de Péladru accorde, du consentement de sa femme et de ses enfants, à l'église de St-Maurice les dîmes sur des champs et bois, *concessit decimas in campis et nemoribus*, et pour lad⁰ concession il reçut du doyen 40 s., en présence des témoins y nommés. — *1200*. Cf. Charvet, 363.

245. Aud. folio recto, 2ᵉ col., autre concession faite à la même église, lad⁰ année, par Guigues d'Undreu, de tout le droit qu'il avait sur les dîmes de St-Pierre et reçoit pour lad⁰ concession 21 livres ; les témoins n'y sont point nommés. — *1200.*

246. A la même col. est la note d'un acte, de la même année, par lequel Arbert, clerc, abandonne par son testament à l'église de St-Maurice tout le droit qu'il prétendait avoir sur les dîmes de St-Pierre et les maisons et fonds qu'il tenait dud. chapitre, et tout le droit qu'il y avait, le tout du consentement de sa femme et de ses enfants, en présence des témoins y nommés. — *1200*. Chevalier, *C. C. D.*, I, 35*.

247. Aud. folio 87 verso, 1ʳᵉ col., autre note d'acte, de la même année, par lequel le sieur Burnon, doyen, reçoit en gage de Guillaume de St-Disdier, trois émines froment et 5 sols, et ce qu'il pouvait avoir de plus sur les dîmes de St-Disdier, pour 50 sols. — *1200.*

248. A la même col. est la note d'un acte de 1202, par lequel Aymon de Boczosel et ses enfants donnent à l'église de St-Maurice tout ce qu'ils percevaient des dîmes de St-Ylaire, à savoir : de deux portions de la dîme, 15 setiers annone et 15 setiers vin, etc.; en présence du doyen et autres témoins. — *1202*. Cf. Charvet, 367.

249. Aud. folio verso, 2ᵉ col., est un acte du mois d'août 1202, par lequel Aymon de Boczosel donne à Aymon son fils, du consentement de ses autres enfants, le château de Roche et tout le droit qu'il y avait, et au même instant led. Aymon en fait donation à Aynard, archevêque, et au chapitre de Vienne, du consentement de ses père et frères ; et l'archevêque et chanoines, considérant sa dévotion, l'investirent et ses successeurs dud. château, pour le tenir ainsi que ses successeurs en fief rendable de l'archevêque et du chapitre, et lui donnent 60 liv.; led. acte fait en présence de plusieurs chanoines et autres témoins. — *Août 1202*. Cf. Charvet, 368.

280. Au folio 88 recto, 1ʳᵉ. col., est la note d'un acte de l'an 1202, par lequel Guitgier du Port donne à l'église de St-Maurice le moulin de Vézeronce et une vigne; par le même acte le chapitre lui rend les mêmes biens, sous la pension perpétuelle de 30 sols et le chapitre aurait sur lesd. biens droits de prélation et de lods. — *1202.*

281. Aud. folio recto, 2ᵉ col., est la note d'une donation faite, la même année, à lad. église de Vienne par Olivier de Pinet, chanoine, de tout ce qu'il avait à Vitruel, et par le même acte le chapitre le lui rend, sous la pension d'un quartal froment pendant sa vie. — *1202.* Cf. Charvet, 365.

282. A la même col. autre note d'un acte, de la même date, par lequel Vallet d'Ornacieu, chevalier, oblige pour 300 sols à l'église de Vienne 8 setiers d'annone de pension annuelle, qu'il percevait sur les terres de St-Maurice à Farament, etc., le tout en présence des témoins y nommés. — *1202.*

283. Aud. folio 88 verso, 1ʳᵉ col., est la note d'un achat fait par l'église de St-Maurice de Guillaume Dudin, chevalier, et de son frère, de tout ce qu'ils avaient au territoire de Faramant, la garde et fief: le prix de la vente n'y est point énoncé; led. acte, fait en présence des chanoines et autres témoins, est écrit d'une encre un peu plus blanche. — *Env. 1202.*

284. Aud. folio verso, 2ᵉ col., est la note d'un acte de l'an 1203, par lequel Guillaume de Clermont donne et concède à Aynard, archevêque, et à l'église de Vienne tout le droit qu'il avait sur le château de Clermont et son mandement, et sur le château de Crépol et son mandement, et sur le château de St-Geoire et son mandement; et l'archevêque et chanoines, ayant égard à sa dévotion, investirent led. Guillaume et ses successeurs desd. châteaux et mandements, pour les tenir et posséder par led. Guillaume et ses successeurs en fief rendable desd. archevêque et chapitre, qui lui donnèrent cent marcs d'argent; led. acte fait dans le cloître de lad° église de Vienne, en présence de Guillaume, abbé de St-Pierre hors Vienne, d'*Algodius*, abbé de St-Chef, de Martin, abbé de St-André, et de l'abbé de Bonnevaux, dont le nom est en blanc. La teneur de cet acte est telle : *Anno Incarnati Verbi M. CC. III, Guillelmus de Claromonte dedit et concessit Ainardo Viennensi archiepiscopo et ecclesie Viennensi quicquid juris habebat in castro de Claromonte et in mandamento, et in castro de Crespolo et in mandamento, et in castro de Sancto Georgio et in mandamento ; archiepiscopus vero et canonici,* *attendentes ejus devotionem, ipsum Guillelmum et successores ejus de castris retinuerunt et de mandamentis, ita quod ipse Guillermus et successores ejus nomine archiepiscopi et ecclesie teneant et possideant; et juravit idem Guillelmus quod ad petitionem archiepiscopi vel ecclesie Viennensis reddat eis castra supradicta, quandocumque placuerit eis, omni cessante dilatione et occasione, et inde possint facere guerram vel placitum cuicumque voluerint, et hoc ipsum debet jurare quicumque castra tenuerit. Per hoc autem archiepiscopus et capitulum dederunt ipsi Guillelmo C. marchas argenti. Hoc autem factum est in claustro ecclesie Viennensis, presentibus domino Guillelmo abbate Sancti Petri extra portam, domino Algodio abbate Sancti Theuderii, domino Martino abbate Sancti Andree, domino….. abbate Bonevallensi.* — *1203. Gallia Christ.*, XVI, 38 (Bréq., IV, 347).

255. Au folio 89 recto, 1ʳᵉ col., est la note d'un acte ayant pour (titre): *Carta Sancti Maurici de Saxeolo*, par lequel Aicarde, fille de Guigues de *Saxeolo*, et Ermenric, son mari, et Guigues Bérard et sa femme *Guillia* donnent à St-Maurice et à l'archevêque Pierre et à ses successeurs le château de *Saxeolo*, avec ses appartenances et dépendances, où sont relatés les seings des témoins; et par le même acte l'archevêque donne aud. Guigues Bérard et à sa femme la moitié dud. château de *Saxeolo*, avec la moitié de ses appartenances, à la charge de la tenir en fief dud. chapitre. Cet acte est du 6 des ides de juillet l'an 1123, sous le règne de Henri, empereur des Romains, et finit par le seing relaté de l'archevêque et de quelques chanoines. — *10 juillet 1123.* Chevalier, *C. C. D.*, I, 289.

256. Aud. folio 89 verso est le serment fait par led. Guigues Bérard, de rendre led. château toutes les fois qu'il plairait aud. archevêque, et autres promesses ordinaires d'un vassal, sans date et sans relation de signatures. — *1123.* Chevalier, *C. C. D.*, I, 290.

257. A la même col. est un accord d'entre l'archevêque de Vienne et led. Guigues Bérard, par lequel l'archevêque se retient la directe dud. château et la garde pendant cinq mois, et que led. château lui serait réversible toutes les fois qu'il lui plairait. — *Env. 1130.* Cf. Charvet, 336.

258. Aud. folio verso, 2ᵉ col., est une donation faite à l'archevêque et l'église de Vienne par Aymon Scot et sa femme Guinberge, des dîmes qu'ils percevaient au delà du Rhône en la paroisse de St-Ferréol; et led. archevêque, du consentement du chapitre, lui en laisse la jouissance pendant sa vie sous certaines redevances, finissant par le seing relaté des archevêque, doyen et autres chanoines, sans aucune date. — *XIIe siècle*.

289. Au dernier folio 90 recto, 1re col., est un acte d'abandon ayant pour titre : *Carta Sancti Ferreoli ultra fluvium Rodani*, fait par Hugues Girin, Vichard et autres à St-Maurice, et à St-Ferréol et St-Julien, de l'église de St-Ferréol située au delà du Rhône, le long dud. fleuve, et de la 3e partie de la dîme et autres appartenances de lad^e église ; led. acte finit par les seings relatés des donateurs, et en après : *Scripta Vienne, manu Bosonis cancellarii, mense martii, feria III, luna XV*, sans autre date. — *7 mars 1083*. CHEVALIER, *C. C. D.*, I, 273.

De ce feuillet, dont le verso est collé en partie sur la couverture, on voit la 1re col. écrite d'écriture du 14e siècle, qu'on ne peut lire qu'en partie, attendu que la colle cache l'écriture.

Nous sommes convenants que les actes contenus dans ce Cartulaire n'ont pas tous été transcrits la même année ni de la même main ni de même encre, mais qu'ils ont cependant tous été écrits dans le 13e siècle, exceptés cependant la fin du folio 8 recto, 2e col., qui est la fin d'un acte écrit sur le feuillet 7 verso, qui est d'écriture moderne, le verso du folio 59, qui paraît d'écriture du 14e siècle, quoiqu'il y ait eu une liqueur répandue par dessus qui la couvre, le recto du folio 68, qui est (de) même écriture du 14e siècle, le verso du folio 73, qui est de même écriture du 14e siècle, et le verso du dernier feuillet, qui est aussi d'écriture du 14e siècle. Les notes marginales et quelques intitulations ne sont point d'écriture du corps des actes, ainsi que le tout est noté chacun en son endroit dans le corps de notre présente procédure. Les actes que contient ce Cartulaire ne sont vraiment que de pures notes, quelques-unes même informes et dont la fin manque, sans date et sans relation de signatures pour la plupart ; il n'y a que les bulles et quelques autres actes qui y soient transcrits tout au long, encore y a-t-on laissé des mots en blanc. Ces actes ne sont point suivis ni transcrits par ordre de date.

APPENDICE

A⁽¹⁾

6 juin (880).

....Ideoque ego Ermengaudus licet indignus presbiter, cogitans Dei intuitum et remedium anime mee, et commemorationem nominis mei et eterni judicii retributionem, cedo ad canonicos Beati Mauritii, qui modo publico horis competentibus fungunt officia, quam dominus ac venerabilis Octrannus archiepiscopus ad regendum habet, aliquid ex facultatibus meis, *etc.* Airoardus presbiter, jussus a predicto Ermingaudo presbitero, hanc cessionem scripsi, datavi vııj idus junii, anno primo regni domino nostro Harlamanno videlicet in Burgundia.

B⁽²⁾

28 mai (892).

Sacrosancte Dei ecclesie, infra muros Vienne civitatis site atque in veneratione gloriosissimi Mauricii martiris dicate, ubi dominus ac venerabilis Barnuinus, ejusdem ecclesie Viennensis archiepiscopus, pastor et rector habetur, quo etiam cetus canonicorum et plurimorum servorum Dei congregatio die ac nocte, horis competentibus, in conspectu Omnipotentis Dei sacra fungunt officia, ego Austrillus presbiter, *etc.* Actum Vienne publice. Ego, in Christi nomine, Barnoldus humilis presbiter, rogatus a memorato Austrullo presbitero, hanc donationem et Deo sacratam oblationem scripsi et datavi v calendas junii, anno secundo regnante Ludovico gratia Dei serenissimo rege.

(1) Chorier, Miscellanea, *t. XII, p. 27 :* item, eodem libro albo, fol. xxxvj, hæc verba scripta sunt. *Cf. n° 89.*

(2) Chorier, Miscellanea, *t. XII, p. 27 ;* item, eodem libro, fol. xxxj. *Cf. n° 78.*

C⁽¹⁾

27 mars (893).

Sacrosancte Dei matri Deique ecclesie, infra muros Vienne civitatis site atque in veneratione gloriosissimi Mauritii martiris dicate, ubi dominus ac venerabilis Barnuinus, ejusdem ecclesie archiepiscopus, pastor et rector habetur, quo etiam cetus canonicorum et plurimorum servorum Dei congregatio die ac nocte, horis competentibus, in conspectu Omnipotentis Dei sacra fungunt officia, ego Dominicus et uxor mea Eltrudis, pro remedio et salute animarum nostrarum, *etc.* Barnoldus humilis presbiter rogatus hanc donationem scripsi, datavi vj calendas aprilis, anno iij° vocato atque electo a magnatis principibus regionis hujus Ludovico rege.

D⁽²⁾

21 avril (904).

Sacrosancte ecclesie in honorem sancti Mauritii et sociorum ejus apud Viennam laudabiliter Deo dicate, ubi dominus Ragamfredus archiepiscopus preesse videtur, cum norma canonicorum ibidem horis competentibus famulantium, ubi ego Vualdo presbiter, spem habens in conspectu Domini orationibus eorum adjutus, confero huic sancte Dei ecclesie aliquid ex rebus mee proprietatis, *etc.* Actum Vienne publice. Ego Erlenus dyaconus hanc donationis confirmationem rogatus scripsi, datavi xi calendas maii, anno videlicet iiij° imperii Ludovici serenissimi augusti, indictione septima.

E⁽³⁾

Mardi de mai (1070-6).

Sacrosancte Dei matri ecclesie Viennensi, que est in honore sancte Epanastasis, id est Resurrectionis Domini, et sanctorum Macabeorum, in qua et sancti Mauritii caput habetur et ubi modo

---

(1) Chorier, Miscellanea, *t. XII, p. 27* : item, fol. lxvj, eodem libro. *Cf. n° 159.*

(2) Chorier, Miscellanea, *t. XII, p. 27* : ex libro pelle alba cooperto hæc desumpsi, fol. xxvj. *Cf. n° 63.*

(3) Chorier, Miscellanea, *t. XII, p. 27* : De hoc Armanno scriptum legi et huc transcripsi sequentia ex libro quodam in pergameno alba cortis seu pelle cooperto. *Cf. n° 117.*

dominus Armannus preesse dignoscitur. In Dei igitur nostri nomine, ego Dia et filii mei Robertus et Hugo, Garinus, Ailoldus et Bernardus, creduli divine voci qua dantibus dicitur dari, insuper vero cogitantes instabilitatem presentium rerum et desiderantes adipisci premium futurorum, pro remedio quoque animarum nostrarum vel parentum nostrorum, tradimus atque donamus Deo et predicte sancte matri ecclesie aliquid ex hereditate nostra, saltem quandam ecclesiam in territorio Viennensi, in loco qui Puvillino dicitur, cum omnibus ad ipsam pertinentibus : quod si, quod absit, quod fieri non credimus, aut nos ipsi aut ulla alia opposita persona contra hanc traditionis vel donationis chartam ire tentaverit, non valeat vindicare quod injuste repetit, sed irrita ejus machinatione veniat ira Dei super eum et particeps cum Juda traditore nihilominus hec donatio firma stabilisque permaneat cum astipulatione subnixa. Sigilla (!) Die et filliorum ejus Roberti et Hugonis, Garini, Ailoldi et Bernardi, qui hanc pariter donationis cartam scribi et firmari rogaverunt. Acta Vienne, manu Bosonis cancellarii sancte matris ecclesie Viennensis, feria IIIᵃ mensis maii, luna xx, regnante Domino nostro Jesu Christo in secula seculorum, amen.

F[1]

30 avril (863).

.... Gerardus inlustris comes nostram obnixe flagitaverunt clementiam, ut ad ecclesiam, que percipere (!) dinoscitur ad episcopatum Viennensem, cui auctore Deo Ado venerabilis archiepiscopus preesse dinoscitur, que etiam extra muros ejusdem civitatis, in honore beati Petri apostolorum principis, reliquorumque omnium pretiosorum Christi apostolorum dedicata esse noscitur; quamque ad restaurationem pristinam Mediolanus excolendus presbyter regere videtur, res que olim inde subtracte erant, per nostram piissimam auctoritatem, ad eundem sanctum locum reddere non dedignaremur. Quorum justam et rationabilem petitionem audientes, aurem libenter accommodavimus, et hoc nostre mansuetudinis preceptum fidei (!) censuimus : per quod ad prefatum sanctum locum res inferius adnotatas, id est, in pago Viennensi, in villa Vogoria, ecclesiam

---

(1) CHIFFLET, Collectanea Burgundica : ex vetustissimo Chartulari (sic) S. Petri Viennensis, charta II. Cf. BÖHM.-M., 1264.

Sancti Albani, cum terris, decimis ibidem pertinentibus ; et in Thosiaco villa, ecclesiam Sancti Primi constructam, cum terris, vineis, silvis atque servis ibidem aspicientibus ; et in alio loco concedimus ecclesiam que ad Domnum Martinum dicitur, similiter cum terris, vineis, silvis atque servis ibidem pertinentibus. Restituendo conferimus atque confirmando concedimus, quatenus deinceps ob animarum genitoris vel genitricis seu fratris nostri remedium, nostramque salutem vel totius regni stabilitatem, ad utilitatem ipsius ecclesie et stipendia clericorum inibi Deo famulantium jugiter, absque alicujus contrarietate seu qualibet diminutione vel subtractione, perseverent. Et ut hec nostre presceptionis atque restitutionis auctoritas rata ac stabilis per futura maneat tempora, manu propria firmavimus et anuli nostri impressione adsignari jussimus.

Signum domni Lothari gloriosi regisi. Data II. kalendas maii, anno Christo propicio regni domni Lotharii gloriosi regis VIII, indictione XII. Actum Mantoleo villa publica, in Dei nomine feliciter Amen.

G(1)

Borno quidam, de majoribus Viennensibus, et filii ejus dederunt Sancto Petro ecclesiam in villa que dicitur Montesubteriore.

H(2)

Bornonis filius, Borno, patris donationem firmavit, in manu Guitgerii abbatis, in presentia domni Leodegarii archiepiscopi.

I(3)

Burnonis filii, Artaldus prepositus, Ademarus, Silvius seu Silvio, Falcho, Guillelmus, Almannus, Ubertus et Oddo.

---

(1) CHIFFLET, Collect. Burgund. ; *ex eodem*, charta V.
(2) CHIFFLET, Collect. Burgund. ; *ex eodem*, charta VI.
(3) CHIFFLET, Collect. Burgund. ; *ex eodem*, charta XXIIII.

J (1)

(1000/1008).

In nomine Domini Dei eterni, Burchardus, gratia omnipotentie majestatis Dei ecclesie Viennensis archipresul. In (2) monasteriorum nostrorum utiles consuetudines considerantes conlaudamus inutilesque, prout decet magnificentiam nostram, execrare contendimus, suffragium anime nostre a Deo quandoque recipere credimus. Quapropter noverit omnium Ecclesie nostre filiorum, presentium scilicet ac futurorum, industria, quod quidam abbas Sancti Petri monasterii Viennensis onomate Bernardus, cum sibi commissis monachis nostram supplex adiit presentiam, quatinus quandam consuetudinem, que ab antecessore nostro, vitio consiliariorum ejus, eis acciderat, abolere omnimodis deberemus. Consilio namque ministrorum suorum, exigebat per annos singulos, in sancti Petri festo, ex predicto monasterio sibi preparari receptum : quod nemo episcoporum ante eum requirere presumpserat. Nos autem petitioni eorum libentissime annuentes, propter omnipotentis Dei timorem animeque nostre, regisque nostri ac regine, fratrisque nostri Burchardi archiepiscopi remedio, et ut a beato Petro apostolo, apostolorum principe, absolutionem nostrorum peccaminum percipere mereamur ; prefatam consuetudinem execrantes, decrevimus statuere illis per nostre auctoritatis privilegium, ut nullus deinceps à predicto monasterio Sancti Petri, vel abbate ejus vel monachis, episcoporum sancte Viennensis ecclesie exigat hanc execrabilem consuetudinem : quam nos consilio prepositorum, vel omnium canonicorum nostrorum libentissime perdonavimus, *etc. Sine temporis nota.*

K (3)

29 mai (1023).

Burno dat S. Petro cavannarias septem, sitas in pago Vienne, in villa que dicitur ad Sanctum Romanum. Subscribunt Berilo frater ejus et Burno filius ejus, IIII. kalendas junii, anno xxx. regnante Radulfo rege.

---

(1) CHIFFLET, Collect. Burgund. : *ex eodem*, charta LXIIII.
(2) *Lire* Si.
(3) CHIFFLET, Collect. Burgund. ; *ex eodem*, charta LXXVII.

L⁽¹⁾

(1025/1030).

Munere superno amminiculante, Burchardus sacre sedis Viennensis ecclesie archiepiscopus, omnibus ejusdem nostre matris ecclesie filiis, presentibus ac futuris, compertum esse volumus, quia veniens Narbaldus abba monasterio Sancti Petri Viennensis, cum monachis suis, expostulavit a nobis, quatenus eis concederemus quandam particulam silve, que vulgo dicitur Cognum Sancti Cyrici; cujus humillimis petitionibus benignitatis nostre aurem accommodantes, reddimus eis sine cujuspiam inquietudine, ut inconcusse et firmiter teneant. Terminat autem ipsa particula silve : de superiori fronte, torale et via publica ; de subteriori fronte, Rhodano currente; in uno latus, fons que dicitur Vallelia, simul cum valle ; de alio latus, fons que dicitur Buyatis et valle. Igitur ut hoc testamentum nostre cessionis stabile permaneat et indisruptum, propriis scriptis corroboravimus, et ecclesie nostre filiis idendidem fidei annuimus. S' domni Burchardi archiepiscopi. S' Alemanni prepositi. S' Sariloni decani. S' Arberti levite. S' Smidoni presbyteri. S' Aschirici levite. S' Sieffredi levite. S' Poncii. S' Arnaldi. S' Wigoni. S' Girardi. S' Barnardi. S' Gelini. S' Dotmari. S' Wigoni. S' Ugoni. S' Witmari. S' Renconi. S' Burcardi archiepiscopi. Item Burchardi episcopi. S' Umberti episcopi. S' Malleni episcopi. S' Teutbaldi episcopi. S' Adalardi. S' Leodegarii. S' Beriloni. S' Ugoni. S' Arnulfi. S' Warnarii.

M⁽²⁾

(2 mars 1059, etc.).

Nos quidem, in omnipotentis Dei nomine, Hugo scilicet atque Ademarus, germani fratres, filii quondam Bornonis nobilissimi atque illustrissimi mititis, pro venia et indulgentia nostrorum et genitoris ac genitricis criminum, delictorumque omnium, simulque misericordia et requie animarum a Deo consequenda ; donamus

---

(1) Chifflet, Collect. Burgund.: *ex eodem*, charta xcv.
(2) Chifflet, Collect. Burgund.; *ex eodem*, charta cxcviii.

atque transfundimus Deo et sacrosancte ejus ecclesie, que constructa habetur foris murum urbis Vienne, ad australem partem, et dedicata constat ad honorem Dei et sancti Petri ceterorumque apostolorum, quorum ipse est princeps, cui etiam domnus Gerardus abba preesse dinoscitur, unum optimum mansum qui dicitur Sancti Marcellini, in episcopatu Viennensi, in parochia Sancte Marie que vocatur ad Pomerium, *etc.* Acta Vienne, in conventu publico, in presentia domni Leudegarii archiepiscopi, circumsedentibus canonicis, Artaldo videlicet preposito et Guigone decano, et ceteris non paucis et quamplurimis caballariis; manu Petri cancellarii, mense martio, feria III. luna XIIII, Domino nostro Jesu Christo regnante, *etc.*

N[1]

Vir quidam illustris, ex nobilibus patrie Viennensis clarus, nomino Ugo, filius nobilissimi militis nomine Burnonis, ex instictu divine numine preventus, grave infirmitatis decidit ut pene funebribus obsequiis ejus putaremur obnoxii. *Plurima igitur bona sua contulit Gerardo abbati et monachis S. Petri. Ibi quoque mentio Ademari ejus germani.*

(1) CHIFFLET, Collect. Burgund.: *ex eodem*, charta CCCVII.

CHRONIQUE INÉDITE

DES

Evêques de Valence et de Die

Les annales de nos églises sont assez pauvres en monuments originaux. Jusqu'ici on n'a signalé aucun catalogue de leurs évêques, écho plus ou moins fidèle des anciens diptyques. Un Chronicon episcoporum Valentinensium, *rédigé par cinq auteurs différents, du Xe au XVIe siècle, fut trouvé par dom Estiennot dans la bibliothèque de Chorier; j'ai publié sa copie dans le t. II des* Documents inédits relatifs au Dauphiné *(5e livr.).*

Le manuscrit 502 du cabinet de Peiresc renfermait une histoire abrégée des évêques de Valence et de Die, absolument indépendante de ce Chronicon; *aujourd'hui elle occupe à la bibliothèque de Carpentras 18 feuillets du ms. XLIV, t. II (à partir du f° 79), dans la collection du célèbre antiquaire provençal. Elle porte à la fin le titre général de* Mémoires des évêchés de Valence et de Die. *On lit au bas de la première page :* Reçus de la part du R. F. don Polycarpe de la Rivière, prieur de la chartreuse de Bompas, à qui on les avoit envoyés de Valence. *Le nom de ce chartreux rappelle trop de fraudes historiques, pour qu'il soit inutile de constater l'absence de toute trace d'additions de son fait dans ce document, qui se termine à la mort de Pierre-André de Léberon (1621).*

Sauf la première page, qui résume trop brièvement les annales chrétiennes de dix siècles, c'est à peu près exclusivement le récit des vicissitudes du domaine temporel des évêques de Valence et de Die (après la réunion). Cette pièce fournit des éléments précieux pour ce côté de l'histoire de la féodalité, mais aussi des arguments contre l'extension de ce pouvoir des évêques. Il fut certainement nécessaire pour garantir leur indépendance; on ne saurait toutefois nier qu'il absorba trop souvent leur activité.

Je n'ai pas cru devoir annoter cette pièce : identifier les documents qu'elle signale, indiquer ceux qu'elle omet, serait refaire l'histoire de nos évêques ; tel ne saurait être le but de cette publication. Les chartes dont elle donne l'analyse, parfois assez ample, provenaient certainement des archives de l'évêché de Valence ; à ce titre, leur texte méritait d'être mis à la disposition des érudits. Les noms géographiques, mis entre parenthèses et en italique, appartiennent au document lui-même ; on possède ainsi l'appellation française en usage à l'époque où il fut écrit.

Romans, 10 janvier 1891.

Ulysse CHEVALIER.

EPISCOPI VALENTINENSES AC DIENSES.

QUOMODO VALENTIA FACTA EST CHRISTIANA, ET DE PIETATE AC SERIE EPISCOPORUM VALENTIÆ ET ALIIS AB IPSIS GESTIS.

Missus in Galliam d. Dyonisius Areopagita ab Apostolo, prædicare cœperat Christi evangelium. Dyonisio strenui oratores succedunt in vinea Domini excolenda ; multis in locis desiit idolorum servitus, dum varii ejus discipuli in diversas Galliæ partes mittuntur. Tertio sæculo celebratur Christus in patria Lugdunensi : pagana Valentia adhuc idolis serviebat, cum d. Ireneus, secundus Lugdunensium episcopus, ad eam mittit sanctum FELICEM presbyterum, FORTUNATUM et ACHILLÆUM diaconos ; illi pro fide sub Aureliano anno circiter 260 occumbunt, martirii donati coronis. Eorum vita et mors miraculis conspicua fuit ; eorum corpora condita sunt in loco in quo postea ædes Sancti Felicis conditæ sunt. Ex parvis initiis incrementa majora sensim cepit fides ; jam erat idolatria eversa, cum d. APPOLLINARIS primus Valentinensis episcopus sedem occupavit. — Ecclesia cathedralis nomen habuit prius sanctorum Cornelii et Cypriani martyrum, deinde beati Stephani protomartyris ; in eam translata sunt corpora sanctorum Fœlicis, Fortunati et Achillæi a Remegario 24° episcopo Valentinensi et juxta corpus sancti Appollinaris reposita, ne corpore disjungerentur quos fides et ministerium junxerat. Prædicta ecclesia tandem avitum nomen mutavit et illud b. Appollinaris primi episcopi habuit. Ille non tantum vita, sed etiam doctrina insignis fuit; prædicavit adversus quasdam novas hæreses, eo tempore quo Avitus 17us archiepiscopus Viennensis, ejus frater, multa pariter in hæreticos dicebat et scribebat. Post b. Appollinarem continua serie succedunt : 2us Maximus, 3us Æmilianus, 4us Salvius, 5us Anthonius, 6us Gallus, 7us Raynaldus circa annum 600, 8us Elephas, qui Dei cultum labefactatum promoverunt et Christi nomen maluerunt esse clarius quam stirpes ex quibus essent oriundi, exemplo omnium aliorum primorum patrum ; quare de nomine familiarum nihil novimus, pietatis tantum monumenta restant.

Horum magnorum episcoporum opera res christiana mire floruit; auxit eam Vualdus 9us episcopus, qui, pietate et doctrina insignis, familiaris fuit Carolo Magno imperatori et coram eo in diœcesi Valentinensi de principiis religionis disseruit.

Cum jam multitudini christianorum non sufficeret ecclesia cathedralis Beati Stephani, Salvius et Lambertus, successores Vualdi, eam ampliarunt.

12us episcopus factus est Bonitius, 13us Rapetus sive Robertus, qui sacellum Sanctæ Crucis ædificavit ; post hos inmediate 14us Dauctianus sive Dalvarenus, anno Domini circiter 920 ; hunc sequitur 15us Eylardus, 16us Isaac Ius, 17us Eymerius, 18us Ado, 19us Brocardus, 20us Archabertus, 21us Aginus, 22us Robertus, 23us Isaac IIus, circa annum 1060, 24us Remegarius, de quo ante, 25us Udabertus, 26us Avus, 27us Guigo, 28us Lambertus, 29us Vuabertus, 30us Pontius, 31us Gontardus, 32us Eustachius ; 33us Johannes, cujus celebratur anniversarium quotannis, 34us Bernardus.

Isti electione pro præstantia a capitulo advecti sunt ad sedem episcopalem, ab eo tempore quo Nicolaus papa circa tempus Isaaci 2i creditur dicto capitulo facultatem electionis tribuisse. Præfati episcopi pietate sua multos moverunt ad ditandam ample ecclesiam et bona etiam ecclesiæ, ut industrii œconomi, pauperibus et quibusdam religiosis erogarunt : nam ordinem Sancti Ruffi ex provincia Narbonensi advocarunt, clarum Valentiæ non tantum antiquitate, sed numerosa præstantium abbatum et religiosorum multitudine.

Odo, 35us episcopus.

35us episcopus fuit Odo : diu vixit. Virtute commendatus fuit Frederico Io imperatori, a quo accepit quamplurima bona pro ecclesia ; nam illi dedit anno 1157, Bisuntii, 8° calendas decembris, comitatum Valentiæ, civitatem Valentiæ cum regalibus et suburbiis, de quibus eum investivit, abbatias, monasteria, forum, mercatum, duella, monetam, naulas, thelonea, pedagia, castra, villas, vicos, servos, tributarios, decimas, foresta, sylvas, venationes, molas, molendina, aquas, aquarum decursus, campos, prata, pascua, terras cultas et incultas, et commune forum agentium et sustinentium causas tam civiliter quam criminaliter. — Dedit etiam illi castra sequentia : castrum Alexiani, Montilisii, Montislagerii, Balmæ, Fianciasii, Liberonis, Aurioli, Castellum Novum, Castellum Duplum, castellum Montis Veneris, castellum de Stella, Alesii, Saonis, cum omnibus eorumdem pertinentiis ; in quibus omnibus dedit præfato episcopo ordinariam jurisdictionem, ut causas tam civiles quam criminales per se vel officiarios suos audire possit, proditores, homicidas, adulteros et quoscumque criminali causa convictos vel confessos punire. — Dedit etiam præfato episcopo pedagium a flumine Ysere usque ad castrum Montilii et a castro Criste usque ad villas de Subdione, et in toto suo episcopatu. — Præcepit etiam ne quis nobilium vel baronum bona vel feuda ecclesiæ possit alienare vel in alterius dominium transfundere.

Idem imperator Viennæ, xx calendas septembris anno 1178, dedit eidem Odoni episcopo regalia sui episcopatus et jurisdictionem ordinariam ut supra, item bona cujuslibet mortui ab intestato, item potestatem faciendi collectam pecuniæ in suo episcopatu, quando vadit ad curiam vel quando facit notabiliter imperio servitium ; item quod cives Valentiæ nullam possint inire societatem sine licentia ipsius episcopi.

Dictus Odo vendidit religiosis Sancti Ruffi insulam extra urbem prope Rhodanum, pro ducentis numis argenti, ad abbatiam construendam, quæ dignitate operis alia monasteria antecellebat ; sed eam Calvinistæ penitus everterunt. Confirmat anno 1195 privilegia ordini Sancti Ruffi a suis prædecessoribus concessa.

Umbertus de Montvendres dedit ei castra Montis Veneris et Belli Montis, retentis fructibus ad vitam ; quibus castris adhuc gaudent episcopi Valentinenses.

LANTELMUS, 36us episcopus. Nihil extat de eo.

FALCO, 37us episcopus.

Ordinem Sancti Ruffi pietate florentem amavit ; dedit illi facultatem accipiendi aquam pro molendinis nec non molendina antea donata testamento confirmavit.

Henricus Romanorum rex confirmat privilegia data Odoni antecessori suo a Friderico I° Romanorum imperatore, ut supra dictum est.

Umbertus de Mirabello, 38ᵘˢ episcopus.

Falconi successit Umbertus de Mirabello. Huic etiam (Spiræ, 8° cal. febr. anno 1204) Philippus imperator concessit dona quamplurima pro ecclesia et eadem quæ Fridericus Iᵘˢ imperator ut supra concesserat Odoni; et ne quis Valentiæ aurum examinaret, nisi habens licentiam ab episcopo illud examinandi (Aquisgrani, 1208), sub pœna centum librarum auri persolvenda(ru)m, medietatem fisco imperiali, medietatem episcopo.

Fœdus iniit supradictus episcopus cum Bernardo episcopo Aniciensi, ut 'si quis eorum alteri injuriam fecerit, alter tenetur mittere usque ad 40 milites, expensis mittentis nisi quamdiu morabuntur in episcopatu egentis; quod si castrum unius sit obsessum aut canonicus captus, tenetur alter mittere auxilium quantum poterit magnum (1205).

Dedit potenti domino Guillelmo de Turnone castrum de Drustail, situm in patria Vivariensi: pro quo fecit homagium ipse dom. episcopo et recognovit se esse hominem legium ipsius dom. episcopi et non alterius cujuscumque, excepto rege Francorum. Possidet adhuc hoc castrum dominus de Turnone (1216).

Transegit cum capitulo Valentinensi, ratione dignitatum ecclesiæ Sancti Appollinaris: et 1° ratione præpositurae dictum fuit quod, deficiente præposito, præpositura et omnia jura ipsius deveniunt ad manum episcopi; capitulum seu major pars capituli eligunt præpositum vel electores qui ipsum eligant: qui, inquisita voluntate singulorum præsentium et residentium, electum ab ipsis præsentabunt episcopo in claustro et, si episcopus approbaverit, in capitulo publice nominabunt et episcopus confirmabit, chorus dicet *Te Deum laudamus* et signa sonabunt, et episcopus electum collocabit in loco præpositurae ad dexteram partem chori et præpositus faciet prius fidelitatem ecclesiæ super altare, postea episcopo fidelitatem et homagium, et præposituram de ejus manu accipiet (1216). — Item ratione decani et decanatus conventum fuit ut de præposito. — Pro abbatia Sancti Felicis conventum fuit quod, deficiente abbate, abbatia et omnes ejus redditus deveniunt ad manum episcopi, qui nominabit illum quem velit fieri abbatem et eum collocabit in ultimo loco sinistræ partis chori, et ab eo fidelitatem et homagium recipiet, et abbatiam de ejus manu habebit. — Idem de archidiacono fuit conventum.

Gerondus, 39us episcopus.

Fuit primum abbas Cluniacensis et patriarcha Jerosolimitanus : virtus illi fecit gradum ad honores. Sub illo ecclesiam Valentinensem et Diensem tyranni spoliarunt bonis.

Guillermus de Sabaudia, filius Thomæ comitis Sabaudiæ, 40us episcopus.

1229. Gerondo successit Guillermus de Sabaudia, quem nec generis nobilitas nec parentum vicinorum potentia servavit a perfida rebellione civium Valentinensium, qui illum episcopum et dominum suum a civitate ejiciunt, canonicis, religiosis et officiariis vim inferunt, scamnis et sedilibus canonicorum et religiosorum non parcunt, eos bonis spoliant, novos creant officiarios, sigillum commune sibi vindicant; sed, mediante comite Gebennensi, tanto furori condonatum est ab episcopo misericordia commoto, licet pœna tanto crimini debita non inveniretur et deberent ultimo supplicio puniri, ut fert conventio. Tamen dictus comes Gebennensis et alii arbitri eos mulctant pœna sex millium marcharum argenti, prohibent ne ullam jurant in posterum societatem et conspirationem, sub pœna proditionis et infamiæ et duorum millium marcharum argenti ; et ne in posterum detur stultis occasio malignandi, poterit episcopus in civitate castra et arces ædificare, et clausuras et fossata facere ; officiarii novi creati a dictis civibus deponentur, sigillum reddetur episcopo infra triduum, nec ullum habebunt cives in posterum commune ; bona reddentur spoliatis infra octo dies, quorum quintam partem episcopus voluit resarcire, eo quod ejus occasione ipsis illata essent ; scamna et sedes canonicorum reædificabuntur. Subsequenti anno fuit confirmata transactio supradicta.

Imperatores Romani ecclesiam Valentinensem quamplurimis ditarunt bonis : nam Fredericus 2us imperator dedit supradicto Guillermo episcopo quidquid dederat Fredericus I^{us} Odoni, ut supra dictum est (Cremonæ, 1238).

Philippus de Sabaudia, 41us episcopus.

Successit Guillermo Philippus de Sabaudia, qui bellum habuit cum Aymario de Pictavia, comite Valentinensi et Diensi (vexabat enim semper episcopum dictus comes) ; sed, mediantibus archiepiscopo Viennensi et dom. Aymario de Bressac, pax statuta fuit inter illos, pro cujus observatione dat dictus Aymarius castrum de Pousin pro pignore (1250).

Rogerius dominus de Vouta facit illi homagium pro castro de Vouta, ita ut in qualibet mutatione domini vel vassalli arma ipsius dom. episcopi remanebunt per diem integrum in dicto castro.

Guido de Montelauro, 42us episcopus.

Insultus tam varii et frequentes in Guidonem excitati, quare ut potentiæ tyrannorum resisteretur, maxime Aymarii de Pictavia, sedes Valentinensis et Diensis unitæ sunt anno 1275, Viennæ sub Gregorio Xº papa, cum autem in concilio Lugdunensi inchoata fuisset anno 1273; ab eo tempore sedes utraque occupata est ab eodem pastore, sed quælibet diœcesis su(u)m habet vicarium generalem et officialem; pro illis geminam habet vocem episcopus in sede archiepiscopali Viennensi, a qua diœceses Valentinensis et Diensis dependent.

Amedeus de Rossillone, 43us episcopus.

Successit Guidoni, post annos duos circiter ab unione. Familiariter amavit Artaudum abbatem Sancti Ruffi; ab eo accepit ecclesiam Sancti Medardi, cum honoribus omnibus et pertinentiis, sub censu x librarum ecclesiæ Aniciensi in Velaunis persolvendarum (1278).

Etsi prædictus episcopus esset potentior et gauderet vicinis parentum nobilium, tamen unio prædicta excitavit illi quæstiones inter ipsum et Aymarium de Pictavia, comitem Valentinensem, ratione castrorum Cristæ et Augustæ; tandem anno 1278 quæstio remissa est archiepiscopo Lugdunensi, episcopo Langrensi et Humberto de Bello, comiti stabuli Franciæ, mediantibus archiepiscopo Narbonensi et Rodolpho de Salasses, mareschallo Franciæ, ad id missis a rege Francorum.

Nobilis Geraldus, dominus Montilii Adhemari, facit ei homagium pro castro de Divadjes, ita ut in qualibet mutatione domini vel vassalli arma episcopi remanebunt per tres dies in dicto castro et episcopus cum sua familia quamdiu voluerit (1280).

Johannes de Gebenna, 44us episcopus.

Vir potens, cui ecclesiæ Valentinensis et Diensis multum debent, nam sibi reddi jussit quamplurima homagia, tam in comitatu Valentinensi quam Diensi, et 1º in comitatu Valentinensi: nobilis et potens vir Rogerius de Andusia facit illi homagium pro castro Balfredi (*Boffre*) et pro omnibus quæ dominus de Petragorda tenet ab ipso in feudum, anno 1283. — Rogerius de Cleyriaco, canonicus Valentin., facit homagium pro castro de Garroson, sito in patria Vivariensi, eodem anno. — Rogerius de Cleyriaco, dominus de Ruppe de Clieux, facit homagium pro castris de Chasteaubouc, Garroson et pro portu Confluenti (*Coffolens*), eodem anno. — Nobilis Geraldus, dominus Montilii Adhemari, facit homagium pro medietate castri Montilii Adhemari (*Montélimar*) et pro medietate castri de Sauset, eodem anno. — Geraldus dominus Curceoli facit homagium pro castris Curceoli (*Cursol*), Charmes et la Bastide, sitis in patria Vivariensi, eodem anno.

Rodolphus Romanorum rex dat illi feuda regalia, administrationem temporalium et plenariam jurisdictionem in comitatu Valentinensi, et jussit nobilibus vassallis et aliis subditis ut ipsi episcopo tanquam principi pareant et obediant : datum in Moreto, anno 1291.

In comitatu Diensi fuerunt illi etiam facta quamplurima homagia, quæ inferius continentur, anno 1283, et 1° — Nobilis Guillelmus d'Artaud facit homagium pro medietate castri d'Aix. — Nobilis Armandus Ruffi facit homagium pro medietate castri Auribelli *(Auriple).* — Nobilis Godafredus de Castro Novo facit homagium pro castro de Betone, sub ea conditione quod vexillum et arma dom. episcopi remanebunt per diem integrum in dicto castro in qualibet mutatione domini vel vassalli. — Nobilis Reynaldus de Monte Albano facit homagium pro castro Buxi (*Bouc*). — Idem facit homagium pro terra de Borne. — Nobilis Ysoardus de Bellomonte facit homagium pro castro de Bellomont *(Beaumont);* et eodem anno nobilis Guillelmus d'Artaud, dominus d'Aix, et nobilis Rogerius de l'Espine et Guillelmus Brun, civis Diensis. — Nobilis Reynaldus de Monte Albano facit homagium pro castro de Bonneval. — Nobilis Odilio Guidonis facit homagium pro terra de Barnave. — Nobilis Guillelmus Artaud facit homagium pro terra de Charens. — Nobilis Giraldus, dominus de Guisant, facit homagium pro terra Calidæ Bonæ *(Chaudebone).* — Nobilis Nicolaus de Bellomonte facit homagium pro medietate castri de Chomeane. — Dominus de Rosans facit homagium pro 3ᵃ parte castri et mandamenti d'Establet. — Nobilis Guillelmus Artaud facit homagium pro terra et mandamento de Glandaige; et eodem anno nobilis Reynaldus de Monte Albano. — Nobilis Guillelmus Ruffi facit homagium pro castro de Gensac. — Nobilis Philibertus de Gleysoles facit homagium pro castro de Gleysoles.—Nobilis Geraldus, dominus de Guisons, facit homagium pro castro de Guisans. —Nobilis Godofredus de Castronovo facit homagium pro castro de la Chaudiere, sub ea conditione quod in qualibet mutatione domini vel vassalli vexillum et arma dom. episcopi remanebunt per diem integrum in dicto castro. —Nobilis Geraldus, dominus de Guisans, facit homagium pro castro de Lestelles *(Lestellon)*. — Nobilis Raymundus de Plesian facit homagium pro 4ª parte castri de la Mothe Chalancon. — Nobilis Reynaldus de Montauban facit homagium pro castro de Lus. — Nobilis Godofredus de Castronovo facit homagium pro castro de Montfort, ita ut in qualibet mutatione domini vel vassalli vexillum et arma dom. episcopi remanebunt per diem integrum in dicto castro. — Nobilis Reynaldus de Plesian facit homagium pro 4ª parte castri de Montanegues. — Nobilis Hugo Bernardus facit homagium pro castro Pellafolli *(Pellefol)*. — Nobilis Odo Allemandus facit homagium pro castro de Prato Buxo *(Praboys)*. — Dominus de Penna facit homagium pro castro de Penes. — Nobilis Jordanus de Rosans facit homagium pro castro de Podioacuto, ita ut in qualibet mutatione domini vel vassalli vexillum et arma dom. episcopi remanebunt in dicto castro per diem integrum *(Puzague)*. — Idem facit homagium pro castro de Rotier et sub eadem conditione. — Nobilis Nicolaus de Bellomont facit homagium pro 4ª parte Rupis Furcatæ *(Rochefourche)*. — Nobilis Guillelmus Artaud facit homagium pro castro Ricobelli *(Rocquebau)*. — Nobilis Guillelmus de Rosans facit homagium pro 3ª parte loci Sancti Desiderii. — Nobilis Godofredus de Castronovo facit homagium pro castro Sancti Benedicti, sub conditione ut supra *(St-Benoist)*. — Idem facit homagium pro valle de Brete, sub eadem conditione, et pro castro de Volvenco *(Volvenc)*.

Transegit dom. episcopus cum capitulo Valentiæ ratione jurisdictionis, mediante Guillelmo archiepiscopo Viennensi (1288) et : 1º quod jurisdictio omnimoda in clericos, canonicos, habitantes (habituatos ?) et alios de gremio ecclesiæ pertineat ad capitulum ; — 2º excipiuntur ab hac jurisdictione casus infra scripti : scilicet delictum falsitatis in literis dom. episcopi vel ejus curiæ, crimen fabricationis falsæ monetæ vel usus ejusdem, crimen proditionis et machinationis contra personam episcopi vel ejus castra, et crimen hæresis, nam in dictis casibus jurisdictio pertinet ad episcopum; — 3º pertinet ad episcopum jurisdictio per defectum, negligentiam vel appellationem in illis personis a casibus in quibus defectus vel negligentia decani et capituli intervenerit seu fuerit appellatum, et tunc negligentia declaratur nisi decanus et capitulum intra tres menses contra delinquentem procedere inceperit a tempore scientiæ delicti perpetrati vel de quo fuerit publicum vel manifestum.

GUILLELMUS DE ROSSILIONE, 45us episcopus.

Johanni de Gebenna successit Guillelmus de Rossilione, vir probus et in ecclesiasticos et religiosos maxime beneficus : nam transtulit ecclesiam Sancti Medardi de Ponteix in abbatem et religiosos Sancti Anthonii, et tertiam partem decimarum quam percipere consueverat in dicto loco, mediantibus triginta cestariis frumenti et 30 cestariis bladi dom. episcopo annuatim persolvendis ad mensuram Diæ (1304).

Dedit etiam dictus episcopus capitulo Valentinensi castrum Subdionis, alias *Soyon*, situm in patria Vivariensi prope Rhodanum, cum omnibus suis juribus et pertinentiis, pro pluribus beneficiis ab ipso capitulo receptis et maxime pro auxilio ipsi prestito in bello quod habebat contra Aymarium de Pictavia. — Bellum enim semper vigebat inter dictum episcopum et Aymarium de Pictavia, sed comes Sabaudiæ prorogavit pacem per duos annos (1310).

Quædam fuerunt illi facta homagia, tam in comitatu Valentinensi quam Diensi : et 1° in comitatu Valentin., nobilis Guigo Adhemar, dominus Montilii Adhemari, facit homagium pro quadam domo sita in civitate Valentiæ, proxima palatio episcopali, vulgo nuncupata domus præpositurae *(maison de la Prevosté)*, quam dedit dictus episcopus dicto Guigoni, anno 1309. — Nobilis Bertrandus de Medullione facit homagium pro baronia Medullionis *(Meuillhon)*, anno 1317. — Guigo, delphinus Viennensis, Alboni comes, recognovit et dicto episcopo baroniam de Medullione *(Meuillhon)*, in feudum francum, nobile et antiquum, pro quo etiam fecit homagium, anno 1322. — Nobilis Albertus de Sassenaige, dominus de Montelier, fuit a dicto episcopo receptus in vassallum ecclesiæ Valentin., cui dictus episcopus dedit ducentas libras pensionis annuæ in montibus Vercorii percipiendas, sub ea conditione quod illi foret obediens et fidelis, ipsumque juvaret in omni bello, maxime in eo quod habebat contra Aymarium de Pictavia, anno 1329.

In comitatu vero Diensi fuerunt illi facta homagia quæ sequuntur. — Petrus abbas monasterii Aureliacensis, Claromontanæ diœcesis, recognovit ei terram Salientis *(Saillans)*, cujus prioratus dependet ab abbate Aureliacensi, dicta vero terra dependet ab episcopatu Diensi, anno 1299. — Nobilis Hugo d'Aix facit homagium pro castris de la Mothe, La Roche, Beaumont et Charens, anno 1304. — Nobilis Amedeus Ruffi facit homagium pro castro Auribelli *(Auriple)*, quod postea vendidit dom. episcopo, anno 1306. — Nobilis Bertrandus d'Agout, dominus de Beurieres, facit homagium pro castris de Beurieres, Val de Thorene, ponti Maravel, Charens, Leches, Alpillhon, Bastie du Val de Thorene, Valdrome, anno 1313. — Nobilis Raymondus de Medullione facit homagium pro castris de Nolane, Buis, La Roche, Villefranche, Sadarone, anno 1317. — Nobilis Avetus de Guisans facit homagium pro castris de Guisans, Lestellon, Chaudebone, Villeperdrix, Sainct Ferreol, anno 1318.

AYMARIUS DE VOUTA SIVE DE ANDUSIA, 46us episcopus.

Guillelmo successit Aymarius de Vouta, ex illustri familia oriundus. Totam vitam pene transumpsit in altercationibus et jurgiis; pro bonis ecclesiasticis bellum illi fuit ingens cum Ademario de Pictavia, comite comitatuum Valentin. et Diensis : durabat enim semper priorum contentionum causa, ratione quorumdam castrorum communium inter dictum episcopum et Ademarium, et maxime ratione castri Cristæ et homagiorum quæ petebant sibi reddi episcopi a dicto Ademario. Tandem Johannes 22us papa sedens Avenioni deputavit mediatores concordiæ Petrum episcopum Prænestensem et Petrum tituli Sancti Stephani in Cœlio Monte presbyterum cardinales, qui dicto bello inter dictos episcopum et Ademarium, habita ratione castri Cristæ, finem imposuerunt in hunc modum (1332) : — 1° quod merum et mixtum imperium et omnimoda jurisdictio, et feuda quæ dicti episcopus et Ademarius de Pictavia habent, necnon clavium et portarum Cristæ custodia communicentur ad invicem et inter ipsos sint communia ; — 2° quod neuter ipsorum dominorum nec successorum eorumdem possint dict. castrum de Crista nec ejus territorium in bello ponere, nec de ipso et hominibus bellum unus contra alium facere, nec bona ipsorum nec personas dampnificare poterunt : tamen juvare quemcumque voluerint in bello externo ex hominibus Cristæ ; — 3° quod murus constructus ab Ademario de Pictavia, propter quem impediebatur accessus de urbe ad hospitium episcopi demoliatur, ut possit haberi liber accessus de dicta urbe ad hospitium dicti episcopi ; — 4° quod si unus ipsorum dominorum ædificare voluerit, possit accipere in fundo communi arenam et lapides ; — 5° quod dictus episcopus possit perficere fortalicium antea inchoatum in castro de Crista, non ampliando circuitum jam inceptum, et ultra hoc quod ipse dom. episcopus possit inter fortalicium suum et fortalicium dicti Ademari ædificare unam aulam octo canarum in longitudine et 4 in latitudine, unam cameram 4 canarum in longitudine et 4 in latitudine; et unam coquinam 4 canarum in longitudine et 4 in latitudine; — 6° quod omnes homines dicti castri et territorii majores xiiij annis, pace perfecta, de quinquennio in quinquennium teneantur jurare dictis dominis fidelitatem ad castrum custodiendum contra omnes homines, etiam contra ipsos episcopum et Ademarium inter se bellum facientes; — 7° quod dictus dom. episcopus dat dicto Ademario in feudum et nomine et causa feudi locum monasterii Montis Clari *(Montclair)*, Diensis diœcesis, cum omnibus ejus pertinentiis, reservata pensione consueta curato ecclesiæ, de quo eum solempniter investivit; — 8° dat dicto Ademario 20 mille florenos, persolvendos juxta terminos statuendos per dictos cardinales: pro quibus omnibus supradictis et pro castris inferius contentis facit homagium dictus Ademarius dicto dom. episcopo et recognoscit se esse hominem vassallum ligium et legitimum dicti episcopi, excepto imperatore et rege Franciæ; recognoscit dictus Ademarius dicto episcopo in feudum castra sequentia : Quintum, Pontesium, Eiglieu, Bannum in Diesio, Gigorcium, Castrum Arnaudi, Podium Grossum, Cristam, Caprilianum, Auripleum, Saonem, Soyans, Marsanam, medietatem castri de Savasse, duas partes Castri Novi Dalmaceni, Podium Gironem, medietatem castri d'Audefre, Charpeium, Castrum Duplum, Ulpianum, Montem Meyranum, Vaunavesium, Rocham Granam; recognoscit vero in retrofeudum castra sequentia : 1° medietatem castri de Belregard, Rochefort, Barberia, Marches, Barselonna, Balmam Corneillanam, Ourcha, Rocheta, Monteyson, Rocha prope Granam, Autichamp, Cobona, Susa la Vieilla, Susa la Nouvella, Chelar, mandamentum de Bastida, castrum de Barre, Espinellum tam in proprietate quam in feudo, Albenas, Marnans, Bourdeaux, Besaudun, Conys, Bastidam prope Besaudunum, Poyetum Selare, Ruinac, Podium Sancti Martini, Pontem de Barreto, Rochefaudi, Felinas, Cleu, castrum Sancti Genesii, Montem Boucherium, medietatem castri de Sauseto, Bastidam Rollan, Laupiam, la Coucha, Rochefort in Vaudroma, las Portes, la Roche St Segret, Balmam de Betona, Alenson, Hupegues, Espelucha, Poyetum de Valle, totum factum Montis de Vercors, Dieulefayi, Souspeyra, Manal, Charrionos, Blacon, feudum de Vaicivo, Castrum Sancti

Genesii, Finsac, mandamentum Ruppis Fortis : pro quibus omnibus supradictis fecit homagium et præstitit fidelitatis sacramentum, junctis manibus positis inter manus dicti episcopi cum osculo pacis. Tenebitur dictus Ademarius et ejus successores, in qualibet mutatione domini vel vassalli, facere recognitionem dictorum feudorum et homagium præstare ut supra infra biennium, computandum a mutatione dicti domini vel vassalli. Quæ feuda nec in toto nec in parte poterit dictus Ademarius vendere, sine consensu episcopi ; episcopus tamen intra duos menses a tempore requisitionis res hujusmodi feudales pro eodem pretio retinere potest, dummodo non vendantur potentiori ; — 9° quod in tota terra feudali prædicta 2^æ appellationes pertinent ad dictum episcopum, primis appellationibus semper ad dictum Ademarium pertinentibus : quod si aliqui vassalli dicti Ademarii cognitionem primæ appellationis habeant, eo casu cognitio 2^æ appellationis pertinebit ad dictum Ademarium ; si tamen contigerit appellare ad curiam dom. episcopi, appellabitur ; — 10° quod nullus prædictorum dominorum possit de novo castra ædificare, et quod fossata facta a dicto Ademario inter Valentiam et Liberonem in itinere publico tollantur et iter publicum resarciatur ; — 11° quod omnes de utraque parte capti tempore belli liberentur et omnes obligationes et hostagiamenta per ipsos facta remittantur ; — 12° quod episcopus non impediat nec perturbet dictum Ademarium in moneta sua facienda et cudenda nec in cursu ejusdem, et quod dicti episcopus et Ademarius monetam ejusdem ponderis facere teneantur, et quod neuter ipsorum sub signo alterius possit facere eandem monetam ; — 13° quod cives Valentiæ pro rebus quas ducent seu duci facient pro victu hospitiorum suorum seu pro redditibus et censibus suis, vel quando transibunt equiter vel pediter cum pecunia per pedagium Stellæ vel alia loca pedagii dicti Ademarii, ab ipsius solutione sint immunes, de aliis vero mercaturis fiat juxta consuetudinem ; — 14° quod si Ademarius de Pictavia conventionibus supradictis contravenerit, solvat 20 millia floren. et reddere teneatur locum Montis Clari illi datum, et vice versa episcopus solvat 20 millia floren. et redditus centum librarum ; — 15° quod rex Francorum et senescallus Bellicardi et Nemausi sint præsentis pacis et transactionis exequutores, directores et mandatores. — Pro parte dom. episcopi juraverunt nobilis et potens vir dom. Bernardus de Andusia, dominus de la Voulte, pater dicti dom. episcopi, nobilis Bernardus de Andusia, ejus frater, nobiles et potentes viri Johannes dominus de Cur=

ceolo, Franciscus et Guillelmus de Urro, dicti episcopi vassalli, et alii canonici et cives Valentin. et Dienses. — Pro parte Ademarii de Pictavia, nobiles et potentes viri Ludovicus de Pictavia, filius dicti Ademarii, Guigo dominus de Montayson, Lantelmus de Hosteduno, bailivus dicti Ademarii, Hugo de Turnone et Hugo de Petragorda. — Quam transactionem et omnia in ea contenta Johannes 22us papa confirmavit.

Nobilis Petrus Claret, dominus de Truchenu, facit homagium pro castris de Truchenu, Nonieres et Archiane, anno 1336.

Reynardus et Guillelmus Curtin, presbyteri a Diensi capitulo deputati, faciunt homagium pro terris de Justin et Romeyer.

HENRICUS DE VILARS, episcopus 47us.

Aymario successit Henricus de Vilars, qui fuit prius episcopus Vaurensis ; vixit tantum quinque circiter annos.

PETRUS DE CASTROLUCIO, episcopus 48us.

Henrico successit Petrus de Castrolucio ; fuit monachus Cluniacensis, ejus vitæ probitas constituit eum in sede episcopali. Vixit novem circiter annos, sepultus est Cluniaci in capella Sancti Martialis.

Illi fuerunt facta quædam homagia, tam in civitate Valentiæ quam Diensi : — Humbertus Delphinus facit illi homagium pro baronia Medullionis (*Meuillon*), junctis manibus positis inter manus dicti episcopi cum osculo pacis, anno 1345. — Nobilis Henricus de Sassenage, dominus de Montelico, facit homagium pro castro de Montelico (*Montelier*), et promisit esse hominem ligium et vassallum dicti episcopi contra omnes homines, excepto rege Francorum et Delphino ; cui Henrico dictus episcopus dedit ducentas libras pentionis annuæ, percipiendas super sigilla Valentiæ et Diæ, anno 1346.

JOHANNES JOFEVRI, episcopus 49us.

Petro successit Johannes, qui vix sedem occupat, cum ecclesia Anitiensis eum multis virtutibus commendatum in sede episcopali Aniciensi constituit.

LUDOVICUS DE VILARS, episcopus 50us.

Johanni successit Ludovicus de Vilars, qui male affectus est a subditis Delphini, sed anno 1356 Carolus Delphinus dat literas patentes contra subditos, ne illum male afficiant. Bene semper fuerunt affecti erga ecclesiam Valentin. Delphini : debebant enim tanquam homagium episcopo Valentin. debentes, nam Guigo Delphinus reddidit homagium pro baronia Medullionis Guillelmo de Rossilione, anno 1322, et Humbertus Delphinus pro eadem baronia Petro de Castrolucio, anno 1345, ut antea dictum est.

Contentio fuit aliqua inter dictum Ludovicum et Ademarium de Pictavia, sed anno 1364 fuit amicabiliter composita : nam dictus Aymarius dedit illi ducentos florenos in montibus Vercorii percipiendos. Ante, anno 1358, permutaverat dictus Ludovicus partem Cristæ cum dicto Aymario, qui causa permutationis dat loca de Bordellis et Besauduni, et pro majori valore dat dictus Aymarius ducentos florenos, forte antea commemoratos ; gaudent adhuc dictis locis episcopi Valentin., cum antea gaudera(n)t medietate urbis Cristæ, quæ jam ad regem pertinet.

Cum cives Valentiæ nihil haberent in communi pro reparatione murorum et portarum civitatis et aliis oneribus supportandis, anno 1364, Ludovicus de Vilars episcopus dedit illis indicta, id est facultatem indicendi et imponendi certam pecuniam super vendibilibus in urbe vel aliis in urbe delatis, sub ea conditione quod talis impositio non possit fieri nisi ex authoritate et consensu dicti episcopi, qui illum permittit tamdiu quamdiu illi visum fuerit : extant multæ permissiones ab episcopis subsequentibus datæ, inferius dicendæ.

Fuerunt illi etiam facta quædam homagia : nam Ludovicus de Andusia, dominus de la Voulte, facit illi homagium pro castris Voutæ et Balfredi (*La Voulte et Baffre*), anno 1364. — Nobilis et potens vir Guillelmus de Turnone facit illi homagium pro castro de Drustail. — Nobilis et potens vir Guigo de Morges, dominus de Chastelard, Diensis diœcesis, facit illi homagium pro castris, feudis et dominiis de Creuis et Mensac, anno 1355. — Amedeus de Rosans, dominus de Rotier, facit homagium pro castro de Rotier, anno 1355. — Decanus et capitulum Diense dant dicto episcopo partem castrorum Cristæ, Augustæ et Divadjeu.

GUILLERMUS DE VOUTA (sive DE ANDUSIA), episcopus 51us.

Ludovico successit Guillermus de Vouta, ex illustri familia de la Voute oriundus ; vixit tantum novem circiter annos.

AMEDEUS DE SALUCES, cardinalis, episcopus 52us.

Guillermo successit Amedeus de Saluces, qui composuit cum capitulo Valentin., mediante Petro episcopo Sabinensi, sanctæ Romanæ ecclesiæ cardinali, commisso a Clemente 7° papa, cujus erat nepos dictus Amedeus et a quo factus fuerat cardinalis : — 1° quod jurisdictio in omnes canonicos et habitantes dictæ ecclesiæ spectet et pertineat ad decanum et capitulum, exceptis casibus infrascriptis : in delicto falsitatis in literis dom. episcopi vel ejus curiæ, in crimine fabricationis falsæ monetæ vel usus ejusdem, in crimine proditionis et machinationis contra personam episcopi vel ejus castra et munitionem, in crimine hæreseos ; in quibus casibus omnimoda jurisdictio pertinet ad episcopum et ejus officiarios ; — 2° jurisdictio pertinet ad episcopum per defectum et negligentiam decani et capituli, semper appellationem in illis personis et casibus in quibus defectus et negligentia dict. decani et capituli intervenerit seu fuerit appellatum, et tunc negligentia declaratur nisi decanus et capitulum intra tres menses contra delinquentem procedere inceperit a tempore scientiæ delicti perpetrati vel ex quo erit publicum et manifestum ; — 3° quod dom. episcopus debeat admittere capitulum ad recognitionem feudorum quæ ab ipso moventur ; — 4° quod instrumenta et documenta quæ sunt episcopi et capituli remaneant in una arca, in qua reponi solent sub duabus clavibus, quarum una sit penes episcopum, alia penes capitulum ; — 5° quod si post discessum dicti Petri cardinalis aliqua quæstio oriretur super prædictis in sententia arbitrali, determinetur et definiatur per officiales Valentiæ, modo non sit de gremio ecclesiæ. Actum die 7ª septembris anno 1388.

Ipsi Amedeo cardinali facit homagium nobilis Guillelmus de Contes, pro castris de Rochebriane, Lesches, Le Pilon, Luc, Bastie de Miscon, Valdrome, Montlaur ; quæ omnia sunt in episcopatu Diensi.

Johannes de Pictavia, episcopus 53ᵘˢ.

Amedeo successit Johannes de Pictavia, ex familia comitum Valentin. et Diensium oriundus.

Is fuit ædium episcopalium partim constructor, partim reparator : ejus stigmata visuntur insculpta in multis earum partibus. — Tota enim fere domus se applicabat ecclesiæ, quam antea persecuta fuerat de tempore Aymarii de Pictavia comitis, qui bellum sæpissime gerebat cum episcopis Valentin. et Diensibus : nam Ludovicus de Pictavia fuit abbas Burgi extra Valentiam et præpositus ecclesiæ cathedralis Valentiæ ; Guillermus de Pictavia, decanus et prothonotarius apostolicus ; Jacobus de Pictavia fuit etiam prothonotarius.

Fuit vir potens, nam Sigismundus imperator anno 1415 creavit illum comitem palatinum et comitem sacri imperii, cum potestate faciendi et creandi notarios per totum imperium, ab eo prius examinatos : extant multæ literæ tabellionatus ab eo datæ et concessæ; et cum potestate spurios et nothos lezitimandi et habiles reddendi ad officia publica exercenda.

Male affectum fuit a civibus Valentiæ, a quibus accusatus penes imperatorem quod sibi superioritatem in temporalitate supremam vellet attribuere : quare mulctatur et privatur patrimonio ecclesiæ, et comes Sabaudiæ tanquam vicarius imperialis bona invadit et redditus colligit. — Contulit se interim ad arcem fortem Liberonis, ubi mansit donec ei tota temporalitas fuit restituta ab imperatore, qui ad hoc commisit magistrum Nicolaum Chalmaistre, doctorem, auditorem sacri palatii et regis Romanorum consiliarium : extant in archivis episcopalibus Valentiæ processus super hoc facti.

Transegit cum civibus Valentiæ, eo anno quo fuit ei restituta temporalitas : dedit illis potestatem cives congregandi usque ad numerum 80 coram se, bailivo, judice, correario aut coram uno ipsorum, petita prius licentia ad creandos consules, qui juramentum fidelitatis in manibus dicti episcopi aut unius ex dictis officiariis (facerent). — Restituti sunt etiam illi omnes fructus a dictis civibus collecti, quos tamen liberaliter illis remisit. — Concessit etiam potestatem exigendi indicta, quæ Ludovicus de Vilars concesserat dictis civibus, idque ad exigendum certam summam argenti applicandam pro reparatione murorum et turrium Valentiæ, maxime illarum quæ erant prope Rhodanum. Spectabat enim eo tempore ad episcopum Valentiæ tanquam dominum temporalem visitatio murorum Valentiæ, et urbis et portarum ejus custodia, et jus totum habebat in armis : nam anno 1438 bastardus de Pictavia, bailivus Valentiæ, fecit multas ordinationes super reparatione murorum et turrium Valentiæ, et super omnibus quæ concernebant custodiam civitatis et arma quæ quisque ex civibus debebat gerere.

Fuerunt illi facta quædam homagia : nam 1° Johannes Girard, jurium doctor, archidiaconus ecclesiæ Vivariensis, procurator super hoc deputatus a capitulo dictæ ecclesiæ, fecit illi homagium pro tabernagio Montilii Adhemari, molendino, terris et pratis, et pro 50 solidis censualibus per ipsum capitulum acquisitis a nobilibus Maragda et Marquesia de Castro Novo, quæ omnia recognoscit tenere in feudum francum, nobile et antiquum unius floreni (1429). — Dedit ipse, una cum capitulo, Guillelmo de Pictavia locum de Fiances, de quo statim fecit homagium. — Nobilis Raymundus d'Agout, condominus de Junchieres, fecit homagium pro medietate castri de Juncheres, anno 1439. — Nobilis Eynardus facit homagium pro castro Sancti Desiderii et du Chelar, et pro parte Vallis Dromæ *(Vaudrome)* cujus est condominus, anno 1439.

Ludovicus de Pictavia, episcopus 54us.

Johanni successit Ludovicus de Pictavia, qui et administrator perpetuus fuit abbatiæ Sancti Ruffi. Devenerat jam provincia Delphinalis ab imperio ad regnum Galliæ : nam anno 1349 Humbertus Delphinus testamento dederat Delphinatum regi Galliæ ; 1415, Ludovicus comes dederat comitatum Valentin. et Diensem ; restabat comitatus Valentiæ et Deiæ, in quo nec imperatores nec reges Galliæ agnoscebantur, quamvis cæteras Delphinatus partes possiderent, sed episcopi Valentin. et Dienses erant domini superiores dictorum comitatuum. Anno tamen 1450 dictus Ludovicus episcopus associavit Ludovicum XIum, Galliarum regis primogenitum, in jurisdictione temporali dictorum comitatuum ; sed cum multæ orirentur quotidie quæstiones et controversiæ inter officiarios delphinales et episcopales, anno 1456 dictus Ludovicus XIus remisit dicto episcopo pariagium et de gratia speciali dedit illi locum Pisanciani, quem antea dederat dicto episcopo, consideratione supradicti pariagii, et de novo confirmat illi omnes concessiones antea episcopo et ecclesiæ ab imperatoribus factas. Dedit etiam comitatum Valentiæ et Deiæ, urbes Valentiæ et Diensem, cum suburbiis et regalibus, easdem ecclesias, abbatias, monasteria, forum, mercatum, duella, monetam, strata, nautas, thelonea, pedagia, castra, castella, villas, vicos, areas, servos, ancillas, tributarios, decimas, foresta, sylvas, venationes, furna, molas, molendina, aquas, aquarum decursus, campos, prata, pascua, terras cultas et incultas, et commune forum agentium et sustinentium causas tam civiliter quam criminaliter. — Dedit etiam castra sequentia : videlicet castra Alexiani, Liberonis, Aurioli, Castri Novi, Montis Veneris, Augustodini, Myrmandæ, Belli Montis, Mirabelli, de Bordellis, de Crupiis, de Besauduno, de Vuesco, villam de Saliente, castrum de Aurelis, de Chamalosco, Bastidæ Vercorii, Montis Majoris, Castilionis, Podiolis, Juncheriis, Vallis Dromæ et de Chamels ; cum omnibus eorum appenditiis universis, in quibus omnibus omnimodam concessit episcopo jurisdictionem : scilicet causas tam civiles quam criminales per se vel officiarios suos audire possit, proditores, fures, homicidas, adulteros, latrones, perjuros, falsarios et omnes in quacumque criminali causa convictos vel confessos tam corporaliter quam pecunialiter punire, et quod a judice ipsarum causarum non alibi quam ad parlamentum Delphinale recurri possit. — Dedit etiam pedagium apud Valentiam et Liberonem, concessit ut quando cum armis vel sine armis ad presentiam vel exercitum suum de mandato suo vel pro negotiis ecclesiæ venire contigerit, omnes homines episcopatus tam feudatarii quam alii expensa solvere teneantur. — Et statim pro dictis concessis et tota temporalitate dictorum comitatuum prædictus Ludovicus episcopus fecit homagium dicto dom. Delphino, stando junctis manibus positis inter manus dicti dom. Delphini cum osculo pacis, et promisit manum ad pectus ponendo more prælatorum se esse hominem ligium et vassallum dicti Delphini. Actum Gratianopoli, die 6ª februarii, anno 1456°.

Cum Ludovicus XI^{us}, regis Francorum primogenitus, fecerit quasdam patentes literas ac jusserit per totam patriam Delphinalem voce preconia proclamari, ut quicumque tenent feuda, census vel alias res amphiteoticas sub mediata vel immediata jurisdictione ipsius domini Delphini, ipso domino vel aliis prelatis, nobilibus ac baronibus recognoscant, capitulum Valentinen. ac omnes alii officia et beneficia in ecclesia possidentes obtulerunt recognoscere dom. Laurentio Dozoli, vicario generali et officiali dom. Ludovici episcopi, tunc a civitate absentis, omnes census, feuda et res emphiteoticas ac omnes dignitates ipsius ecclesiæ, quam recognitionem dictus vicarius remisit dom. episcopo et prorogavit ad unum mensem. Actum Valentiæ, die ultima decembris, anno Domini 1456.

Geraldus de Cursol, episcopus 55us.

Ludovico successit Geraldus de Cursol, qui prius fuit patriarcha Antiochenus. Accepit possessionem episcopatus anno 1468 et præstitit civibus juramentum solitum, et confirmavit illis privilegia ac præsertim concessionem indictorum factas ab episcopis prædecessoribus; pro quorum permissione dant ipsi cives dicto episcopo quotannis viginti quinque francos monetæ, computatis pro quolibet franco quindecim grossis.

Jacobus de Lusternaio (sic), episcopus 56us.

Accepit possessionem episcopatus anno 1474; non diu vixit, nam illi successit

Anthonius de Balsaco, episcopus 57us.

Vir omnium peritissimus et prudentissimus, multa ædificia struxit et antiqua reparavit ; sacristiam majorem Sancti Appollinaris construxit et campanile ecclesiæ Diensis : quod tamen, morte præventus, consummare non potuit.

Homagia sibi reddi jussit quam plurima, tam in comitatu Valentin. quam Diensi : et 1° in comitatu Valentinensi, venerabilis vir Johannes Piconis, abbas Saonis, fecit illi homagium pro prioratu Reparatæ, et pro omnibus ejus juribus et pertinentiis, more nobili stando pedes, junctis manibus positis inter manus dicti episcopi cum osculo pacis, anno 1475 *(La Repara)*. — Venerabilis vir Carolus de Grolea, decanus ecclesiæ Sancti Apollinaris Valentiæ, tam suo nomine quam totius capituli Valentiæ, fecit homagium nobile dicto domino pro castro Alesii et pro omnibus ejus juribus et pertinentiis, anno 1475 *(Ales)*. — Nobilis Jacobus de Sassenage, dominus de Montelier, facit homagium pro castro de Montelier et arce forti de Montmusard, anno 1475. — Nobilis Bertrandus de Vilars facit homagium pro castro Montis Lagerii *(Montelegier)*, anno 1475. — Nobilis Bernardus de Vouta facit homagium pro castris de Vouta et Balfredo *(La Voulte, Baffre)*, sitis in patria Vivariensi, anno 1475. — Nobilis Johannes de Balmis, castellanus Curceoli, procurator deputatus a nobili et potenti domina Johanna de Levi, relicta magnifici viri dom. Ludovici de Curceolo, tutrice et administratrice personæ et bonorum Jacobi de Curceolo ejus filii, facit homagium pro castris de Charmes, Cursol et la Bastide, sitis in patria Vivariensi, anno 1475. — Nobilis Jacobus de Turnone facit homagium pro castro de Drustail, sito in patria Vivariensi, anno 1475. — Nobilis Anthonius de Lestrange facit homagium pro castro de Garroson, sito in patria Vivariensi, anno 1475.

Homagia facta in comitatu et episcopatu Diensi anno 1475. — Nobilis Mermetus Claretus facit homagium pro terra d'Archiane, nobili more stando pedes, junctis manibus positis inter manus dicti dom. episcopi, cum osculo pacis. — Nobilis Gaspardus de Montealbano facit homagium pro terra d'Aix. — Nobilis Franciscus d'Urre facit homagium pro terris d'Alpillon et Abres. — Nobilis Gaspardus de Montealbano facit homagium pro terris de Betone et Bouc. — Nobilis Claudius de Leyra, dominus de Glandaige, facit homagium pro castro de Chaudebone. — Nobilis Franciscus de Vienes, Burgi d'Oysenc, diœcesis Gratianopolitanæ, facit homagium pro medietate castri de Divadjeu ab illo acquisita a nobili Jordano d'Urre. — Nobilis Franciscus d'Urre facit homagium pro terra de Fourcinel. — Nobilis Claudius de Leyra, dominus de Glandaige, facit homagium pro terra de Glandaige; et Georgius de Leyra pro eadem terra, anno 1481. — Iidem faciunt homagium pro terra de Guisans, anno ut supra. — Venerabilis vir Petrus Richerii, jurium licenciatus, decanus ecclesiæ cathedralis Diensis, procurator deputatus a capitulo dictæ ecclesiæ, facit homagium dicto dom. episcopo pro terra et castro de Justin, sub ea conditione quod dictum capitulum tenebitur juvare dictum dom. episcopum in bellum, recipiendo ejus amicos in dicto castro et inimicos repellendo : quod si facere recusaverit, tenebitur reddere dictum castrum dicto domino, ut possit inimicis cum dicto castro resistere. — Nobilis Gaspardus de Montealbano facit homagium pro castro de la Chaudiere. — Nobilis Claudius de Leyra facit homagium pro castro de Lestellon, 1475, et Georgius de Leyra, anno 1481. — Nobilis Petrus de Leyra, hæres nobilis Margueritæ Artaud, ejus matris, facit homagium pro castro de la Mothe Chalancon. — Nobilis Franciscus d'Urre, diœcesis Valentin., facit homagium pro terris de Luc et Montlaur. — Nobilis Mermetus Claretus, diœcesis Valentin., facit homagium pro terra de Nonieres. — Petrus Richerii, decanus ut supra, facit homagium pro terris de Ponet et Romeyer. — Nobilis Franciscus d'Urre facit homagium pro terra de Rochebriane. — Nobilis Guillelmus Reynaud facit homagium pro terra Sancti Desiderii. — Nobilis Gaspardus de Montealbano facit homagium pro terris de Rocquebau, Souberoche et St Benoist. — Nobilis Franciscus Pelissier, heres dominæ Catherinæ Valon, condominæ Sancti Ferreoli, facit homagium pro condominia Sancti Ferreoli, anno 1481. — Nobilis Mermetus Claretus facit homagium pro terra de Tribus Campis *(Trois Champs)*. — Nobilis Claudius, filius Rostagni de Vesco, dominus de Montayson, Valentin. diœcesis, facit homagium pro castro de Vesco. — Nobilis Balthasard Artaud facit homagium pro castro de Volvens.

Johannes d'Espinay, episcopus 58us.

Fuit senator Parisiensis, postea episcopus Valentinen.

Quædam etiam homagia sibi reddi curavit. — Nobilis Ludovicus de Sassenage facit illi homagium pro castris de Montelier et Montmusard, anno 1501 : quæ castra sunt reddibilia in qualibet mutatione domini vel vassalli, in quibus dom. episcopus poterit demorari per tres dies. — Nobilis Bertrandus de Vilars facit homagium pro castro Montis Lagerii, anno 1501. — Nobilis Petrus Sylvion facit homagium pro terra Fianciacii. — Nobilis Tanequinus de la Mothe facit homagium pro turre forti Confluentii. — Nobilis Anthonius de Vaesco, dominus Montaysonis, facit homagium pro tertia parte terræ de Vaesco et pro castro de Penna : quod castrum est reddibile tempore belli dicto dom. episcopo, et bello finito debet reddi dicto Anthonio et successoribus suis. — Dominus de Myolano, archidiaconus Valentin., fecit homagium archidiaconatus dom. Christophoro de Salient, vicario generali dicti dom. episcopi, anno 1500.

CAROLUS DE TURNONE, episcopus 59us.

Post mortem Johannis d'Espinay, Urbanus de Myolano et Carolus de Turnone concurrentes electi de sede contendunt; summus pontifex delegat archiepiscopum Viennensem pro lite dirimenda : manet in sede Carolus.

JOHANNES DE LOTHARINGIA, cardinalis, episcopus 60us.

Carolo successit Johannes de Lotharingia, administrator perpetuus episcopatuum Valentin. et Diensis, episcopus Albiensis, cardinalis Sancti Onufrii.

Nobilis Petrus Mayas facit homagium pro castro Montislagerii dom. Martino Pinquet, archidiacono Melesi, procuratori a dicto dom. cardinali deputato, anno 1501.

FRANCISCUS DE CLAROMONTE, episcopus 61us.

Franciscus de Claromonte, pariter cardinalis, legatus Avenionensis.

Petrus de Vesco, præpositus ecclesiæ Valentin., fecit homagium præpositruæ dom. Odoni de Fante, vicario generali dicti cardinalis, anno 1526.

ANTHONIUS DE VESCO (DE MONTAISON), episcopus 62us.

Francisco successit Anthonius de Vesco, nepos ejus ex sorore; a sede Valentin. et Diensi ad Castrensem secessit; mortuus est anno 1535.

JACOBUS DE TURNONE, episcopus 63us.

Devenit sedes episcopalis ad illustrem familiam de Turnone, dum Anthonio successit Jacobus de Turnone, pietatis et doctrinæ amantissimus, magno pollens ingenio.

Quædam etiam sibi reddi curavit homagia. — Nobilis Philibertus de Sassenage, in carceribus palatii curiæ supremæ Parisiensis detentus, facit homagium venerabili viro Petro Bousson, priori Sancti Dyonisii, procuratori super hoc deputato a supradicto episcopo, pro castris de Montelier et Montmusard ; pro quo homagio præstando egressus est usque ad primam portam carceris, anno 1543. — Nobilis Laurentius de Sassenage facit idem homagium anno 1550, sub ea conditione quod dicta castra sint reddibilia in qualibet mutatione domini vel vassalli, in quibus poterit episcopus per tres dies demorari.

In comitatu Diensi fuerunt facta homagia subsequentia. — Nobilis Franciscus d'Angles, prior Montis Majoris, procurator institutus a nobili et potenti domina Blancha de Levi, vidua magnifici et potentis dom. Ludovici d'Agout, tutrix Johannis de Montealbano ejus filii, facit homagium supradicto dom. episcopo in persona magistri Johannis Girardi, jurium doctoris et vicarii ipsius dom. episcopi, procuratoris ad hoc deputati, pro terris et castris d'Alpellon, Beurieres, Charens et pro medietate de Lus, anno 1540. — Nobilis Guillelmus de Viamont facit homagium pro castris de Betone, Ricquemont et Sancti Benedicti, anno 1540. — Nobilis Geraldus d'Urre facit homagium pro castro de Ponet, anno 1540. — Nobilis et potens vir Reynaldus de Montealbano facit homagium pro castris Ricobeldi et Volvenci, anno 1540. — Nobilis Thomas de Cliou, dominus Sancti Desiderii, facit homagium pro castro Sancti Desiderii, anno 1540.

JOHANNES MONLUCIUS, episcopus 64[us].

Jacobo successit Johannes Monlucius, non solum genere, sed quod est maximum dignitate propria et virtute illustris. Quamplurimas obiit legationes, inter quas præcipua est illa cum, mortuo rege Poloniæ Sigismundo sine prole, eloquentia qua pollebat effecit ut dux Andjum, Henricus 3[us] postea Galliarum rex, crearetur rex Poloniæ ; sed de hoc plura in libris historiæ Gallicanæ sub Carolo 9° et Henrico 3° perquire apud dom. Dupleix historiographum.

Male apud quosdam de fide audivit, cujus rei causæ fuerunt duæ ; 1ª quidem quod ut erat vir valde politicus, cum jam Calvinistæ multimode prævalerent et ferro et igne vires in dies majores sumerent, suadebat cum eis pacem, ut fucatus eorum primus fervor tempore obtunderetur et veritas quiete extra armorum strepitus ipsis innotesceret ; clamabat in ignorantiam et pravam vitam clericorum, ex quibus hæreses natæ fovebantur, ut videre licet libello quem scripsit ad clerum Diensem ; 2ª causa fuit quod capitulum Valentin. hostile(s) semper animos habuit in episcopum, unde accusatur hæresi a decano ecclesiæ Valentin. : extat arrestum, datum in magno consilio regio, impressum jussu illustrissimi dom. Caroli Jacobi de Leberon, episcopi et comitis Valentin. et Diensis, ejus pronepotis, in quo videre licet omnes processus super hoc factos et pœnam qua mulctatur decanus, eo quod inique dom. episcopum accusasset.

Cujus tempore hæretici Valentiam occuparunt : nam in Deum et sanctorum corpora sævierunt, quæ publice igni tradiderunt, sacerdotes male mulctarunt, titulos bonorum ecclesiasticorum flammis publice consumpserunt ; pauca erepta sunt documenta ex incendio a quibusdam viris, quos secretus tantorum malorum dolor tangebat ; templa omnia susque deque usque ad fundamenta everterunt ; ædibus episcopalibus et campanili ecclesiæ tantum pepercerunt, sed ecclesia cathedralis, item Nostræ Dominæ de la Ronde, a figura templi sic cognominata, et Sancti Johannis necnon ædes antiquæ Dominicanorum et Franciscanorum penitus eversæ sunt, necnon castella omnia episcopatus Valentin. et Diensis, excepto castello Liberonis quod hæretici occuparunt et postea eo capto rex milites adhibuit, et nunc jussu regis penitus est destructum.

Quin imo dominum de la Mothe Gondrin, Valentiæ gubernatorem et vicarium gubernatoris in Delphinatu, data fide et non servata, incautum obtruncarunt, suspensum fenestra ; cui facinori manus dederunt cives Valentiæ, inde decreto consilii regis privati evertendi erant muri Valentiæ pro scelere expiando, nisi Johannes Monlucius episcopus, vir potens eo tempore, urbem servasset.

Interfuit colloquio ad Possiacum habito contra hæreticos, ubi se strenue et prudenter gessit. Tandem anno 1579 mortuus est Tholosæ ; ejus corpus et fratris Blasii Monlucii, marescalli, viri strenuissimi, jacent Condomii. Vitæ exitus laudabilis vitæ probitatem arguit, nec degener fuit a præcedentium episcoporum pietate nec suorum avorum et atavorum, per quos ea familia de Montesquieu in patria Vasconum descendebat et ista ex ignito cognomento Arista comite Begerronum originem habebat, qui infideles ex Arragonia, Castilia et Navarra expulerat, et qui cum posteris regna tria tenuerat : sed de hoc plura apud supradictum Dupleix in libris historiæ Gallicanæ.

Nobilis Claudius Bertrand loci Alexiani, Valentin. diœcesis, facit homagium pro castro Sancti Desiderii, anno 1571.

Carolus de Leberon, episcopus 65ᵘˢ.

Carolus de Leberon, prædicti Johannis ex sorore nepos et qui pariter per aliam familiam nobilem de Gelas ex dicto ignito comite Bigerronum descendebat, successit in episcopatu, vir prudentissimus, rerum sæcularium desiderio extricatus; secessit in Italiam, videns tyrannidem gubernatorum in arce Valentiæ et Deiæ; obiit Paduæ. Cui successit

Petrus Andreas de Leberon, episcopus 66ᵘˢ.

Prædicti Caroli nepos, resignatione sedem tenuit. Post juveniles annos assidue se rei divinæ addixit, vir piissimus et prudentissimus; in episcopali munere se piissime gessit, diœceses visitando, eas pedes circumeundo frequenter; si quos hæreticos invenisset, verbum Dei annuntiabat et se futurum testem in die judicii hæreticæ pervicaciæ minabatur.

Cum marescallus de Lesdiguiere hæreticus (postea comes stabuli Franciæ et catholicus) voluisset conciones hæreticas Valentiæ instituere, mirum quod vir Dei, lingua naturaliter præpeditus, sine linguæ impedimento coram sexcentis personis rem Christianam strenue et diserte ab invasoribus servavit, mori paratus cum suis ovibus antequam eas lupis exponeret.

Ordinem Capuchinorum et Minimorum advocavit, item ordinem monialium Visitationis Sanctæ Mariæ, nunc summopere florentem.

Male fuit exceptus multoties a civibus Diensibus, utpote hæreticis et sub dominio domini de Gouvernet hæretico in arce Deiæ dominantis, sed tamen pius et charus fuit omnibus. Mortuus est in urbe Sanctæ Liberatæ, diœcesis Agennensis, cujus urbis erat prior commendatarius.

Hæc sunt usagia, consuetudines et statuta olim observata et quæ servare et custodire promittit et promittere et jurare debet cappellanus seu rector Sancti Petri inter Judeos domino abbati Sancti Andreæ Viennensis, quando cura dictæ ecclesiæ committitur eidem, et quæ etiam juravit dom. Joannes de Saxeolo servare, custodire nec per se nec per alium contra venire, nec cunctis venire volenti in aliquo consentire promisit ut supra, in presentia revᵈⁱ patris domⁱ G(uillelmi), Dei gratia archiepiscopi Viennensis, et domⁱ

Petri Libeti, abbatis prædecessoris istius, videl. dom^i G(uillelmi) de Mirabello, abbatis quondam dicti monasterii, et capitulo totius conventus dicti monasterii, (super sancta Dei Evangelia) ab ipso corporaliter tacta : — primo quod non celebraret nec faceret celebrari in ecclesia Sancti Petri prædicti nisi unam missam in die, et illam deberet celebrare post Evangelium missæ parrochialis Sancti Andreæ : tamen si contingeret venire Romipetas aut jacentes aut sponsalia oporteret celebrare, sine campanarum pulsatione poterat celebrare ; — item nec in die sancta Parasseves nec Sabbato sancto Passionem debet in dicta ecclesia S^i Petri prædicti dicere donec conventus prædicti monasterii S^i Andreæ compleverit Evangelium integre et perfecte ; — item nec debet deffendere suis parrochianis nec eos inducere quin veniant et offerant ad ecclesiam S^i Andreæ prædicti, imo debet procurare et hoc fuit sub juramento expressum, et debet profectum et augmentum prædicti monasterii totis viribus suis et pro posse procurare ; — item nec debet intrare cimeterium die Lunæ post Pentechosten nec in festivitatibus Omnium Defunctorum antequam missa parrochialis in monasterio prædicto S^i Andreæ fuerit celebrata ; — item debet diebus dominicis monere suum populum et facere quod est officii sacerdotis, scilic. monendo populum ut de statu malo in meliori se informetur et pronunciare excommunicatos si sint in parrochia, et cetera si quæ sint dicenda quæ pertinent ad officium sacerdotis debet facere et dicere in monasterio prædicto S^i Andreæ aliis diebus, si voluerit, quod possit facere in capella ; — item in die Nativitatis Domini et sancti Paschæ et Penthecostis, dum populus convenerit ad divina ad monasterium supradictum et communicaverint qui communicandi sunt diebus prædictis a monachis prædicti conventus, debet esse cappellanus prædictus S^i Petri dicernens bonos a malis, ne mali seu excommunicati, si sint in ecclesia, communionem simul percipiant cum bonis ; — item si deffunctus est in parrochia, debet prædictus cappellanus ire quæsitum corpus deffuncti simul cum sacrista prædicti monasterii et tenere libros coram illo qui sepelit corpus defuncti ; — item in tribus diebus Rogationum debet venire prædictus cappellanus et suus vicarius atque suus clericus ad prædictum monasterium S^i Andreæ, et cum fit processio a conventu dicti monasterii cappellanus, vicarius et clericus dicti cappellani simul debent interesse, et tenentur portare dictus cappellanus et vicarius ejus ultima die Rogationum ab una parte cassidem seu romaginem sancti Maximi ; — item quando fit processio per conventum dicti monasterii S^i Andreæ, scilic. die Jovis proximi post Pascha et in festo sancti Mauritii ad dictum Sanctum Mauritium, debet esse presens prædictus cappellanus et portare librum coram priore ; — item in festo sancti Maximi et sancti Andreæ debent esse ad matutinas et ad missam majorem dicti conventus monasterii supradicti cappellanus et ejus vicarius atque clericus eorumdem et percipere libram quilibet eorum, et in tribus diebus Rogationum debet esse ad processionem et habere libram, et in die festivitatis sancti Andreæ debet offerre altari Sancti Andreæ cappellanus prædictus unam candelam unius libræ ceræ ; — item debet cappellanus prædictus in festo sancti Adonis abbati stultorum dicti monasterii S^i Andreæ duos fassiculos lignorum ; — item debet prædictus cappellanus dicti monasterii in die festivitatis sancti Petri duos cereos ceræ, quemlibet de uno quarterono ceræ ; — item quando cappellanus prædictus vadit per parrochiam suam pro sacramento Extremæ Unctionis faciendo, non debet secum ducere alium cappellanum quam suum vicarium, et si devotio patientis talis sit quod velit plures cappellanos habere, debet tunc invocare cappellanus prædictus monachos dicti monasterii et non alios ; — item debet jurare dictus cappellanus et sub pœna commissionis dictæ ecclesiæ se effingere quod nunquam sit clericus Sancti Mauritii, ne propter privilegium chori in vita vel in morte inter eos briga possit oriri, et si fieret quod ipse rector vaccet ecclesiam ac si sententialiter esset privatus ; — item est actum et sub eadem pœna promissum quod panes qui consueti sunt in dicto monasterio offerri in festo sancti Stephani prothomartiris a quolibet hospitio dictæ parrochiæ S^i Andreæ, per dictum cappellanum vel ejus vicarium non impediantur neque per alium ejus nomine quovis modo quin in dicto monasterio offerantur, nec inducant directe vel indirecte, palam vel occulte parrochianos prædictos seu parrochianas ad contrarium faciendum, et si contingat fieri propria voluntate parrochianis et sine indutione sacerdotis, tunc panem et vinum dividatur inter abbatem et cappellanum, candelæ sint sacristæ et pecuniæ conventus, et si ad cappellanum prædictum S^i Petri inter Judeos in magna quantitate offerantur panes, intelligantur (dividendos) fore pro rata, et in eo casu monachi dicti monasterii vel camerarius dicti abbatis possit dictos panes qui magnam quantitatem excedunt ad camerarium dicti abbatis cujus esse debent impune (retinere) ; — item non debet annalia in dicta ecclesia S^i Petri facere seu fieri sustinere nec inducere parrochianos ut ibi fiant nec aliquid recipere pro eisdem; — item non debet in dicta cappellania nec in hospitio cappellani prædicti ædificare seu innovare aliquid, sed in tali statu in quo recipit dictus cappellanus dictas cappellas et domum conetur eam conservare: operire et reparare eas tamen potest et debet dictas domum et cappellam si et quantum fuerit necesse; — item tenetur solvere quolibet anno pro sensu et nomine sensus domus dictæ capellæ dicto dom° abbati quadraginta solidos et unam unciam de girofflo et sex denarios, scilic. xx solidos in Natale Domini et alios xx solid. in festo Paschæ et unciam prædictam et vi denarios in festo Omnium Sanctorum; — item debet conventui monasterii prædicti annuatim in festo apostolorum Petri et Pauli quadraginta solidos; — item debet dicto conventui decem solidos pro anniversario Richerdi sacerdotis quondam Sᵗ Petri prædicti; — item debet prædictus cappellanus sacristæ dicti monasterii tres solidos in festo sanctæ Blandinæ pro retortis   ; — item medietas candelarum quæ pervenerunt in cappella prædicta in festo apostolorum Petri et Pauli debet esse sacristæ monasterii prædicti; — item debet prædictus cappellanus primis monachis monasterii antedicti duodecim denarios in Septuagesimo; — item debet illi qui deffert textum Evangeliorum prima die Rogationum duos denar.; — item debet in festo sancti Mauritii facere tantum alicui clerico Sancti Mauritii quod pro ipso cappellano faciat in dicto monasterio cantoriam; — item in festo sancti Andreæ debet dictus cappellanus solvere illi qui defert   clericorum Sancti Mauritii pro celebranda missa in monasterio prædicto quatuor denar. Et ista omnia et singula nunc tenere etservare prædictus cappellanus tenetur et successores sui sub virtute præstiti juramenti, et fuerunt acta et data in dicto monasterio Sancti Andreæ, die vero decima quinta julii, anno Domini M°CCC°VI°.

Cabinet de M. de Bouffier, ms. coté Collectionis miscellaneorum manuscriptorum tomus, n° LVII.

Ulysse Chevalier.

www.ingramcontent.com/pod-product-compliance
Lightning Source LLC
LaVergne TN
LVHW050558090426
835512LV00008B/1236